Clavicule de la philosophie hermétique

UNICURSAL

Copyright © 2018

Éditions Unicursal Publishers
www.unicursalpub.com

ISBN 978-2-924859-61-2

Première Édition, Beltane 2018

T. F. GÉRON
Docteur en Médicine

Clavicule de la *philosophie hermétique*

OÙ LES MYSTÈRES LES PLUS CACHÉS DES ANCIENS
ET MODERNES SONT MIS AU JOUR EN FAVEURS
DES ENFANTS DE L'ART, ET À LA GLOIRE DE DIEU.

ॐ

1753

PRÉFACE

En la soixantième année de mon âge étant venu à bout de mon dessein dans la connaissance la plus occulte de Médecine, de Chimie et d'Alchimie, et voulant donner la main à ceux qui sont enveloppés dans un labyrinthe d'erreurs, et qui ont été séduits par les beaux discours, ou plutôt par les rêveries de quantités de faux Alchimistes, voient et embrassent la lumière que je leur présente, pour se tirer du bourbier en sûreté, ce sont des expériences réelles que j'ai fait et que je connais, ce que tout homme expérimenté verra aisément hors de cet écrit.

C'est pourquoi j'écris uniquement pour le bien du prochain et pour la gloire de Dieu, je ne laisse à un apprentif studieux aucun doute, car celui qui désire d'emporter cette toison d'or, qu'il sache que la teinture ou poudre aurifique, n'est autre chose, que l'or digéré au suprême degré de perfection, et de fixité subtile, à laquelle la nature et le travail bien conduit peut l'amener.

Le caractère particulier des Ignorants n'est pas seulement de mépriser, mais encore de blâmer ouvertement les choses qu'ils ignorent, et le malheur le plus grand est, quand des hommes que l'on croit doctes donnent dans le sens du peuple, sans vouloir seulement prendre la peines d'examiner les choses de plus près, afin de discerner au moins le bon du mauvais, et la vérité du mensonge, ce qui devrait être l'unique occupation des esprits les plus Solides.

L'Alchimie encore qu'elle soit une science des plus nobles et de plus utiles, peut servir d'exemple au caprice et au jugement des hommes, car encore bien que de toutes les sciences qui sont en usage pour le bien et le service de l'homme, il n'y en a aucune, qui la surpasse, cependant chacun la blâme et la regarde comme la plus grande folie du monde.

Et moi au contraire, qui la tiens pour une science divine, je crois qu'après l'immortalité de l'âme, c'est l'un des plus grands bienfaits, que Dieu ait fait aux hommes ; car sans cette science, qui embrasse la Philosophie, il serait impossible de connaître les vertus admirables, dont Dieu a doué tous les corps sensibles et insensibles de la Terre, Animaux, Végétaux et Minéraux, et en quoi ils peuvent être utiles à l'homme tant pour la conservation que pour la restauration de sa santé, ni le lieu, qui enferme ces vertus dans chaque corps, ni les moyens de les en tirer, pour les avoir dans leurs essences pures et nettes, afin que leurs actions et opérations ne puissent être empêchées par le flegme et par la terre entre lesquelles les vertus sont enfermées, comme dans une prison obscure, tellement, que celui qui n'a pas une véritable et parfaite

connaissance de l'Alchimie est indigne du nom et du titre de
Médecin.

Quelques-uns l'appellent art Chimique, et d'autres l'art
Spagyrique ; les Alchimistes le nomment spagyries, nom inventé par Théophraste Paracelse, le plus habile Spagyriste
qui est été depuis Hermès Trismégiste, jusqu'à notre temps,
comme ses livres le démontrent assez.

Pour moi je ne ferai pas de difficulté, de la nommer du
nom le plus en usage, savoir Alchimie, et pour faire comprendre ce que c'est que cette science, je commencerai par sa
définition.

L'Alchimie donc est une Science qui enseigne à séparer les
Éléments de chaque composé produit par la nature, et à les
recueillir adroitement chacun en son Vaisseau. Autrement,
l'Alchimie est une science pratique qui montre les moyens de
séparer le subtil du grossier, le pur de l'impur, et de tirer de
chaque composé naturel son essence pure et nette, en laquelle
gît toute la vertu du composé.

On peut la définir en troisième lieu, comme une science
par laquelle nous apprenons à connaître la matière première
de tous les corps du monde, soit animaux, végétaux, minéraux, et la méthode dont la nature s'est servie en les produi-
sant, et les perfectionnant jusqu'à leur dernière Matière ; et
en dernier lieu la voie que l'Alchimiste doit prendre pour les
décomposer en rétrogradant l'ordre que la nature a suivi, s'il
veut voir occulairement leur première Matière, et en procé-
dant de cette sorte, il aura les trois principes de tout corps,
qui sont le Soufre, le Sel et le Mercure visible et palpable

chacun en son essence corporelle, après qu'ils sont séparés du composé par cette Science.

Les opérations de cette science sont en grand nombre et toutes différentes les unes des autres, et néanmoins toutes ensembles, elles tendent à un même but et au point de la définition. Je les réduis pourtant au nombre de Sept, qui sont la *Calcination*, la *Putréfaction*, la *Dissolution*, la *Distillation*, la *Coagulation*, la *Sublimation*, et la *Fixation*.

Le principal instrument de toutes ces opérations, c'est le Feu, qui a des différences notables en soi. À divers degrés que je réduis pareillement à quatre principaux, dont le premier est le *feu du fumier* ou du *bain-marie*, qui convient aux putréfactions et dissolutions, comme aussi aux distillations des liqueurs mercurielles, le second degré est le *feu de cendres* plus chaud que le premier, il convient aux coagulations et aux distillations des liqueurs grasses et huileuses, le troisième est le *feu de sable* plus chaud que le second, ce dernier convient aux sublimations et fixations, connue aussi aux distillations des liqueurs les plus tenaces et adhérentes aux autres parties du composé, comme sont les minéraux spécialement les métalliques, et le quatrième est le *feu de flammes*, avec du bois ou de charbons vifs très chauds, sur lequel le vaisseau étant placé, s'opèrent les *réverbérations*, *calcinations* et *incinérations* de chaque composé.

Il faut savoir aussi que chacun ces quatre feux, se doit réduire à d'autres degrés successifs selon l'exigence du composé, et de la chose que nous en voulons tirer, comme le feu du bain-marie a trois degrés : le premier est quand le vaisseau contenant le composé est exposé sur la fumée de l'eau échauffée, qu'on nomme bain de vapeur ; le second est quand le vaisseau est plongé dans cette eau échauffée sans bouillir ; le troisième est quand avec grand feu on fait bouillir l'eau dudit bain.

Ainsi se peuvent graduer, les autres trois feux de la cendre, du sable et du charbon, tant par les soupiraux et par les registres des fourneaux bien faits, que par la quantité de charbons ou du bois, que l'on met dedans à justes mesures, ou par le nombre des mèches, quand il s'agit du feu de Lampe selon l'exigence du composé que l'on veut traiter.

Celui qui entendra bien tous ces feux, et qui avec cela n'ignorera pas le feu de la nature, tel qu'il est dans l'intérieur du composé, et de quelle manière l'un peut exciter l'autre, augmenter sa vigueur et le corriger, méritera le nom de Philosophe et pourra mener à bonne fin les choses les plus excellentes du monde.

Or pour entendre plus particulièrement les susdites opérations de l'Alchimie, je viens d'abord à la première qui est la *Calcination*, parce qu'il faut commencer par-là, surtout celui qui veut faire une due séparation des parties dans tous les composés solides et fixes, comme sont les métalliques, et je dis que la calcination a été trouvée pour deux causes : La première est pour priver le composé de son humidité accidentelle, ou flegme superflu, et le disposer aux autres opérations, même de solution, après laquelle et pas autrement, se peut faire la séparation des parties du composé, la seconde est pour ôter et consumer le soufre combustible, impur et corrompant, qui est au dit composé, qui n'est pas encore amené à la perfection par la nature.

Ceci pourra sembler étrange à plusieurs, qui n'ont aucune connaissance de l'Art, quand je dis qu'il faut calciner les corps solides et fixes et en les calcinant les dépouiller de leur humidité accidentelle, pour les disposer à solution ; car au contraire diront-ils, cette humidité devrait être la cause et le moyen de la solution, il vaudrait donc mieux de la conserver.

Mais pour éclaircir ce doute, je dirai avec nos maîtres en Philosophie, qu'il y a deux humidités en chaque corps, l'une est accidentelle que nous rejetons, comme flegme inutile, et l'autre interne et radicale, qui contient en soi l'esprit de vie, et qui donne au corps sa forme et son essence ; cette seconde humidité ne se sépare jamais du corps par la calcination, tant leur union est forte, mais elle fait ouvrir les pores du corps pour le disposer à recevoir une autre humidité externe, qui sera propre à faire la dissolution selon l'intelligence du bon Artiste.

Il est bien vrai, qu'après cette solution faite, on peut encore priver ce corps de son humidité radicale par l'ouvrage de la séparation des Éléments ; de telle sorte, que ce corps demeurera en après comme cendre et terre morte. C'est ce que nous appelons l'ouvrage de l'*incinération*. Il faut donc ici bien noter la différence qui est très grande entre la *calcination* et l'*incinération*, car à la calcination le composé ne perd aucune chose de sa forme comme j'ai dit, car il peut toujours être réduit en son corps continué, plus pur qu'il n'était auparavant, mais à l'incinération le composé est entièrement détruit et privé de sa forme, tellement qu'après l'incinération il ne pourrait plus être réduit en un corps semblable à ce qu'il était auparavant.

Plusieurs Artistes ont failli grossièrement, pour n'avoir pas bien compris cette différence, qui est pourtant bien remarquable, et d'une importance extrême.

La seconde opération, qui est la *Putréfaction*, la principale clé de toute la science qui nous a été enseignée par la nature même ; car encore que tout son but ne soit qu'à conserver toutes ses productions par des nouvelles générations et multiplications à l'infini, toutefois elle ne peut rien faire sans que la putréfaction ne précède, ce que Jésus Christ, nous enseigne dans son testament, lorsqu'il dit que le grain de froment, jeté dans la terre venant à mourir et se pourrir, alors et point autrement il rapporte du fruit au centuple.

C'est à procurer cette putréfaction que les bons Alchimistes doivent employer tous leurs soins et toute leur industrie sur toutes choses, avant que d'entreprendre quoi que ce soit, sans quoi ils ne réussiront jamais à faire une véritable séparation des parties Élémentaires de leur composé, et par conséquent n'en pourront jamais découvrir les vertus et encore moins le rendre capable de faire une nouvelle génération, ou multiplication, soit en quantité soit en vertu et puissance, par quelque autre moyen qu'ils le puissent traiter.

La troisième opération qui est la *Dissolution* suit la précédente, et se fait en deux manières diamétralement contraires, l'une au chaud et l'autre au froid, l'une et l'autre pourtant sont accompagnées d'une humidité externe.

La dissolution par le chaud humide se fait au bain-marie ou au fumier de cheval, comme nous avons dit ci-dessus, et celle qui se fait par le froid humide, se fait dans les puits ou fontaines et dans les caves et autres lieux souterrains selon l'exigence du composé.

La quatrième opération qui est la *Distillation*, se fait pareillement de deux sortes, quant à celle qui se fait au chaud, nous en avons parlé assez, quand nous avons parlé et traité du feu externe et de ses degrés; et quant à l'autre qui se fait au froid, c'est à dire sans feu.

La manière de faire l'hypocras le distillant par une chausse de drap, est connue de tous mais il y a une autre méthode plus subtile et meilleure, qui est en mettant des pièces de drap coupées en forme de langues, par un bout dans le vaisseau qui contient la solution, et l'autre bout pendant dans le vaisseau préparé pour recevoir la distillation, laquelle est appelée filtration et cette filtration doit se réitérer, jusqu'à ce qu'on ait sa liqueur pure et nette, de toutes fèces et ordure, ce qui est la cause principale que l'on a inventé cette distillation, quoiqu'il y en ait une autre à l'égard des distillations, qui se font par le feu, qui plus elles sont réitérées, plus elles ont de force, étant ainsi rectifiées, car c'est une chose incontestable, que le feu externe n'excite pas seulement le feu naturel, qui est enfermé dans le composé, de quelque chose que ce soit, mais encore qu'il le multiplie et l'augmente, après avoir séparé et chassé tout son flegme superflu et inutile.

La cinquième opération, que l'on appelle *Coagulation*, se fait par le feu sec, pas violent, mais fort doux, qui soit aug-

menté par degrés selon l'exigence du composé avec conservation de son humide radicale, qui serait en danger de s'exhaler
par un feu trop poussé et administré sans mesure, ce qui brû-
lerait et gâterait tout le corps.

La sixième opération, qui est la *Sublimation*, se doit faire
par le feu sec gradué, de six en six heures, au commencement
fort doux, pour évaporer l'humidité superflue du composé,
finalement fort et violent pour en tirer l'essence, l'arracher
hors de ses fèces, la faire monter en haut séparément et par-
dessus lesdites fèces.

Cette sublimation doit se répéter tant de fois, que l'essence soit pure claire et transparente. Voilà pourquoi l'on a
inventé cette opération de sublimation, qui ne convient proprement qu'aux Corps Spirituels, comme l'argent vif, soufre,
arsenic, sel armoniac et semblables, afin de leur ôter d'une
part leurs flegmes superflus, et ensuite leurs soufres impurs et
combustibles, qui s'évaporent et se consument par cette sublimation, quand elle est bien faite et réitérée plusieurs fois :
d'ailleurs leurs terres féculentes demeurent au bas du vaisseau
avec les fèces ; et la moyenne substance qui est sublimée dans
le vaisseau est la pure et vraie essence du composé.

La septième et dernière opération, qui est la *Fixation*,
en laquelle je comprends la *réverbération*, requiert le feu du
dernier degré et elle a été inventée pour faire la vraie conso-
lidation des parties du composé, afin de le rendre ferme et
constant au combat du feu, qui est toute l'épreuve de la perfection des corps et même des métalliques, comme aussi pour
leur donner le poids et la couleur fixe, premièrement en blan-

cheur vive et finalement en rougeur parfaite, qui est la dernière couleur à laquelle le feu tache d'amener toutes choses
qui lui résident et demeurent fixés dans lui.

C'est pourquoi je comprends dans cette opération de
fixation les deux opérations de *Déalbation* et de *Rubification*,
dont plusieurs Philosophes ont fait des chapitres à part pour
venir à la perfection de la Teinture Physique.

Outre cela ils ont fait un autre chapitre, pour le dernier
de leur œuvre, qui est appelé l'opération de *Cération*, ou bien
Cibation et *Fermentation*, qu'on a inventé pour deux fins
principales : l'une est pour donner à leur Médecine bonne
liquation ou fusion, afin qu'elle puisse entrer et pénétrer dans
les corps impurs et malades pour les guérir, nettoyer et dépurer de leurs ordures, c'est la vraie transmutation et améliora-
tion, non seulement des corps Métalliques imparfaits, mais
aussi des corps humains affectés de maladies, pour les ramener à la perfection et à la santé ; l'autre fin de la Cération et
Cibation est pour multiplier ladite Médecine, en quantité et
en vertu. Selon que l'Artiste saura bien disposer et conduire
son œuvre.

Je veux pourtant bien l'avertir, que cette Cération ne peut
se faire sans ajouter de l'humidité à son composé, après qu'il
l'aura bien desséchée par l'œuvre de Fixation, et que cette
humidité se doit prendre de la racine même dudit composé
et non pas de chose, qui lui soit étrangère.

Je sais que quelques savants, qui pensent être le plus au
fait de la science de l'Alchimie, diront que toutes ces opérations ne sont point nécessaires à la Teinture Physique, ou du

moins, qu'elles ne doivent pas être manuelles, parce disent-ils, qu'il n'y faut qu'une matière, un vaisseau, un fourneau, et qu'après avoir placé la matière dans son vaisseau convenable, bien fermé, et l'avoir mis sur son feu propre il n'est plus question d'y toucher, mais il faut laisser agir la nature, comme la semence virile enclose dans la matrice d'une femme, ne demande autre artifice, ni assistance que la chaleur du ventre féminin, pour la production d'un enfant jusqu'à sa naissance, parce que tous les plus habiles Philosophes assurent que la vraie composition de cette pierre ou Teinture Physique, ressemble de tout point a la procréation de l'homme.

Quant à moi qui n'ai encore osé faire d'essai sur une chose si grande, je veux bien me déporter d'en parler plus avant, sinon qu'il me semble et que je tiens pour certain, que l'Art peut beaucoup aider à la nature, tant pour mettre la dernière main à ses intentions en toutes choses, que pour abréger le temps qu'elle demande, pour les finir lorsqu'elle travaille seule, ce que plusieurs grands Philosophes, anciens et moderne ont fort bien compris, et spécialement Théophraste Paracelse, qui l'enseigne bien intelligiblement aux enfant de la Philosophie, en son Apocalypse d'Hermès, et en différents passages de ses autres livres.

Aussi mon intention principale n'est que de montrer de quelle utilité et de quelle nécessité l'Alchimie, pour la Médecine, qui sert à la conservation et à la restauration, de la santé humaine, puisque par cette science nous sommes véritablement instruits des vrais moyens qu'il faut employer pour préparer tous les simples dont nous voulons user, pour les

dépurer et dépouiller du flegme superflu et de leurs terres féculentes, qui les empêchent de manifester la vigueur de leurs
vertus, encore bien que plusieurs portants le nom et le titre
de Médecins s'imaginent de n'avoir pas besoin de cela, parce
qu'ils n'usent jamais de minéraux, de métaux, ni d'autres
composés de pareille nature.

Mais ils se servent uniquement des végétaux, et plus encore de ceux qui nous viennent d'outremer, plutôt que ceux
qui croissent dans nos régions de par cela. Je leur deman-
derais volontiers la raison, pourquoi font-ils tant de cas de
ces végétaux étrangers, puisqu'on ne saurait nier, que l'on ne
trouve de pareilles vertus spécifiques, et dans un degré émi-
nent dans plusieurs de nos simples biens choisis. De plus
croit-on que ce soit peu de choses, d'avoir ces simples tous
récents, à la main sans aucune sophistication, au lieu que
ceux d'outremer, ou du moins la plus grande partie, arrivent
de si loin, que quand ils viennent jusqu'à nous, ils se trouvent vieux, moisis et pourris, de la Marine et du Charroi, ou
brouillés et sophistiqués par l'avarice des marchands, qui les
vendent à nos épiciers et aux Apothicaires ignorants, de quoi
se sont plaints les plus savants médecins, qui ont traité la
matière des simples, comme Dioscoride, Pline, Théophraste,
Galien Oribasius, Ruellus, Mariellus et entre les Modernes,
Fuchsius, Brassavolus, Manardus et Matthiolus, qui en font
des plaintes amères.

Je sais néanmoins qu'il est bien difficile d'abolir une vieille
coutume, outre que ce serait en quelque manière choquer le
peuple, qui ne fait cas que de ce qui vient de loin et qui coûte

beaucoup d'argent, c'est donc pour ne pas blesser ici préjugés que nos médecins pour la plus part, se sont tenus à ces simples ultramarins à peine connus et ont négligés les nôtres, quoique je pourrais démontrer par des expériences particulières, que leurs vertus ne sont pas moindres que de ceux-là.

Je sais que pour réponse ils m'allégueront les autorités des anciens médecins et je leur répliquerai, que tous ces médecins qui étaient presque tous Grecs ou Arabes, ont eu très peu de connaissance de nos régions, ni des simples, qui y croissent et encore moins des habitants et de leur complexion, non plus que des maladies régnant dans nos régions, et que par une conséquence évidente, leurs règles et canon leurs médicaments et recettes ne nous conviennent nullement ; mais elles pourraient peut-être encore convenir aux hommes et aux maladies de leurs régions ultramarines, et ne serait-ce pas faire un tort énorme à la bonté divine de croire qu'ayant envoyé à chaque pays ses maladies particulières, il n'eut pas donné aux simples, animaux, végétaux et minéraux qui y croissent, la vertu d'en guérir les habitants.

Je dirai davantage : on ne saurait disconvenir, que ces anciens médecins, Grecs et Arabes, qui ont fondé une grande partie de leur médecine sur les simples végétaux de leurs régions n'en aient considéré les vertus, et les propriétés, selon qu'ils les ont trouvées en ses simples fraîches et récemment cueillis mais nous, il nous est impossible de les avoir, qu'ils ne soient secs, s'ils ne sont pas pourris et gâtés.

Or, qui pourrait nier que les végétaux, en quelque endroit qu'ils croissent, soit par-deçà soit par-delà la mer, étant secs ne soient considérablement de moindre vertu, que les récents ? J'ose même avancer, que la plupart de ces végétaux étant secs ont des vertus toutes contraires aux récents, par exemple si les récents sont laxatifs, les secs seront restrictifs, ce que n'ignorent par les bons Physiciens qui ont expérimenté leurs propriétés de lune et de l'autre manière, et si ces raisons ne suffisent pas à ceux, qui sont trop attachés aux médicaments d'outre Mer.

Je voudrais bien leur demander pourquoi ils laissent mourir, tant et tant de malades dans la fleur de leur âge, qui se sont mis entre leurs mains ? ou bien, pourquoi ils ne peuvent pas guérir les Ladreries, les Hydropisies, Apoplexies, Paralysies, Contractions de Membres, mal Caduc Fièvres quartes, hectiques, podagres gonagres, chiragres, arthritiques, sciatiques et autres maladies, qu'ils regardent comme perpétuelles et incurables, ils me répondront peut être avec le bon homme Accurse Glossateur des Lois Romaines : *Dræcum est ideo non lagitur.*

Et je dis moi, que Dieu par sa bonté a donné aux humains les moyens et les remèdes sûrs propres et convenables contre toutes les maladies, qui peuvent leur survenir en quelque région que ce soit ; mais leur ignorance et leur incrédulité sont cause, qu'ils ne comprennent rien à ces maladies, ni aux médicaments nécessaires pour les guérir, c'est ce qui découvre manifestement l'incertitude de leur science, qui n'est fondée que sur la simple lettre morte, et point sur les lumières de la nature, qui a ses raisons physiques, et des démonstrations oculaires, par des vraies et certaines expériences.

Du moins devraient-ils penser que les maladies rapportées ci-dessus sont en un degré si exorbitant, que les végétaux d'outremer ne peuvent venir à bout de les guérir, non plus que les racines, semences, fruits, et gommes, qui en résultent, ils devraient penser qu'il faudrait donc chercher ailleurs des médicaments plus excellents et tels qu'ils puissent vaincre l'opiniâtreté desdits maux, ou du moins égaler le degré de ces maladies, qui jusqu'ici sont réputées incurables.

Je veux donc bien apprendre à ceux qui ne le savent pas, comment et pourquoi le corps humain s'appelle le petit monde ou le Microcosme, contenant les quatre Éléments et que chacun d'eux y fait son office particulier, comme ils font en ce grand monde. Car la terre y produit ses croissants, animaux, végétaux et minéraux, l'eau pure et claire de la source par un nombre infini de rivières et de ruisseaux coulants jusqu'à l'extrémité de chaque membre du corps, les arrose, les nourrit et les fait croître.

L'air serein les fortifie et les entretient dans la joie et le feu convenable les digère et les mûrit en bonne substance, mais si la terre n'est pas cultivée comme il faut, si les rivières et les ruisseaux viennent à se tarir par la sécheresse, ou à se déborder par inondation, si l'air s'épaississant en vapeurs noires et en exhalaisons puantes, et si le feu vient à se débiliter ou à s'augmenter au-delà des bornes prescrites par la nature, ces de dépravations pouvant arriver par notre faute, alors il faut nécessairement que tous les croissants de ce petit monde en pâtissent et se corrompent chacun selon qu'il aura été plus ou moins atteint et infecté de l'Intempérie et de la malice de son Élément.

De plus il ne faut pas ignorer, que comme le ciel a sept planètes principales, qui dominent sur les autres, la terre à sept métaux plus solides, que tous les autres minéraux.

De même le corps humain a sept membres, qui dominent sur tout le reste du corps, je veux dire le cœur, qui symbolise avec le soleil, et l'Or, le cerveau avec la Lune et l'argent, le foie avec Mercure et l'argent vif, le poumon avec Jupiter l'Étain, la rate avec Saturne et le Plomb les rognons avec Vénus et le Cuivre et le fiel avec Mars et le Fer.

Cette symbolisation ou rapport naturel de ces choses entre elles ne provient d'autre source, que les dits métaux, tant de l'homme, que de la terre sont engendrés gouvernés et conduits par ces planètes célestes respectivement.

C'est ce qui a fait accorder tous les Philosophes en ce point, que les astres et l'homme engendre l'homme, et que cette basse terre comme une mère fertile, conçoit et produit seulement les choses, qu'il plait au ciel de produire en elle, comme père commun de toutes choses, et ces choses étant produites sur la terre ce père a le soin de les nourrir de les entretenir et de les faire croître et multiplier de sa propre substance.

Il s'ensuit donc que les susdits principaux membres de l'homme se peuvent appeler proprement métalliques, aussi bien que les maladies, qui les affectent en général ou chacun d'eux en particulier, du nom spécial de chaque métal corporel, qui se retrouve malade.

De là nous pouvons comprendre, que le remède le plus prochain et plus convenable se doit chercher et extraire du métal terrien, qui symbolise avec lui, ce qui ne se peut faire que par la véritable alchimie ; voila pourquoi j'ai bien voulu marquer les points principaux des opérations de cette science, comme très nécessaires à ceux qui veulent dignement exercer la médecine, tant pour l'intérieur que pour l'extérieur du corps humain.

Je ne veux pouvant pas nier, et je conviens même, que ces grandes vertus ne sont pas renfermées dans les seuls métaux, mais, que plusieurs minéraux les approchent de près, s'ils ne les égalent tout à fait, comme sont les essences d'antimoine, des perles, des coraux, des rubis, émeraudes, hyacinthes, saphirs, grenats, cristal et autres, qui ont chacun leur vertu et sa propriété spécifique, non seulement pour secourir les sept principaux membres intérieurs du corps humain, mais encore tout le reste de ce corps, plus que je ne puis dire ni écrire, mais me diront plusieurs, ces médicaments, tirés des essences métalliques et minérales, sont fort violents, à raison de leurs qualités chaudes.

Mais je réponds qu'ils s'abusent extrêmement, en ne faisant pas distinction des remèdes et, qui se prennent par la bouche, et de ceux qui s'appliquent à l'extérieur, car véritablement il faut à ce dernier des médicaments gradués selon le degré des maladies et on ne doit pas se persuader qu'avec un brin de persil on puisse guérir ces vieux ulcères malins, fistules, loups, chancres, polypes, nolis me tangere et autres semblables accidents, qui désolent le corps humain.

Mais quant aux remèdes internes, parce que je n'approuve rien plus que les essences métalliques et minérales, je veux

bien assurer que rien n'est plus véritable, que leurs quintessences, quand elles sont bien extraites, douces et bénignes,
qu'elles ne sont ni chaudes ni froides, mais tempérées, au
moyen de cette température, et de leurs vertus naturelles.

Ces remèdes ramènent insensiblement, à un juste tempérament, tout ce qu'ils trouvent de déréglé dans les trois
principes matériels de l'homme, qui sont le *Sel*, le *Soufre* et le
Mercure, après en avoir séparé et écarté toutes les impuretés et
les excréments venimeux, que l'on appelle *matière peccante*.

Il est bien vrai, que le sage médecin ne doit les administrer, que par doses mesurées et proportionnées à la complexion du malade, à la qualité et au degré de sa maladie, car
le poids de trois ou quatre grains d'une bonne quintessence
métallique, fera plus d'effet que ne pourrait faire une charret-
te de végétaux, quels qu'ils puissent être, et cela sans travailler
l'estomac, ni faire la moindre violence, à aucun des membres
intérieurs, loin de cela ils les conforteront, et remettront en
pleine vigueur la nature de l'homme.

Je parle de ce que je sais, et je rends témoignage de ce
que j'ai vu, dans quantité de belles expériences, et celui qui
voudra étudier cette belle science et mettre la main à l'œuvre,
s'il y est appelé de Dieu, ne pourra manquer d'en trouver la
vérité et même davantage, que je n'ai dit.

Pour retourner à l'Alchimie, je dirai encore, que Dieu
nous en a donné la connaissance en la création de l'univers
ainsi que nous lisons dans l'Écriture sainte où il est dit positivement qu'en premier lieu il créa une matière confuse, que
l'on appelle Chaos, qu'il en tira les quatre Éléments, qu'il les

sépara les uns des autres, les plaça chacun dans son vaisseau par son Alchimie divine.

Le premier est le ciel, qui contient le feu au plus haut lieu comme le plus excellent, ensuite l'Air et puis l'Eau et finalement la Terre, qui fait le contre des trois autres, qui l'environnent chacun en son ordre, de telle manière qu'ils ne peuvent plus s'entremêler, ni se remettre dans leur première masse confuse ou chaos, comme ils étaient auparavant, ils ne peuvent non plus entreprendre sur la dignité l'un de l'autre, étant contraints de demeurer séparez chacun dans son propre lieu, voila donc comme cet excellent Alchimiste, Dieu le créateur a traité cette grosse masse corporelle, séparant le subtil du grossier, le pur de l'impur, et mis chaque partie dans son propre Vaisseau.

De plus saurait-on voir une plus belle séparation Alchimique, que celle de la lumière des ténèbres, et du jour de la nuit ? Ne voyons nous pas tous les jours ses autres opérations, comme les *Putréfactions* et les *Dissolutions* de toutes les semences, après qu'elles sont jetées en terre pour faire une nouvelle génération de leurs espèces ?

Ne voit-on pas pareillement les belles distillations, par les pluies et les rosées, qui font sortir et croître ces semences. Les sublimations par attractions des vapeurs fétides et souvent si abondantes, qu'elles pourraient submerger, ou au moins gâter tout ce qui croit sur la terre. Les décoctions, les coagulations et les fixations, qui se font pur les différents degrés de la chaleur de son feu Alchimique, jusqu'à ce que les fruits de la terre soient parvenus, à une parfaite maturité prêt à être recueillis ?

Alors nous y trouvons aussi la vraie multiplication de tous ces fruits, suffisante pour notre sustentation. Je dirai davantage Dieu ne fait-il pas journellement au-dedans de nous même, qui sommes son petit monde, quantités d'autres opérations d'Alchimie, qui ne sont pas moins sublimes et admirables, que celles qu'il fait dans ce grand monde solaire?

Car en premier lieu sitôt que la semence de l'homme en forme d'une ligueur blanche est enfermée dans son propre vaisseau qui est la matrice de la femme, il commence d'y travailler par l'ouvrage de putréfaction, dont il suit naturellement la dissolution, qui dispose le composé à la séparation ses Éléments.

Et après la séparation faite du flegme inutile, et des fèces terrestres par l'ouvrage de la distillation, il vient à la coagulation des parties pures dudit composé, en quoi l'on voit le commencement d'une transmutation admirable. Car ce qui n'était au commencement qu'une liqueur claire et blanche, se trouve transformé en une masse de chair solide et rubiconde que l'on nomme embryon. Et alors sur cette masse de chair, se fait un merveilleux ouvrage d'Alchimie, car elle se divise et se sépare en soi-même en plusieurs partie, comme la tête, les bras, les jambes, et avec tout le reste du corps, dans lequel plusieurs autres membres distincts l'un de l'autre, et placé chacun dans son propre lieu, sans aucune confusion, ayant chacun son office particulier.

Après cela par la voie de conjonction ce grand opérateur joint l'âme et l'esprit avec le corps, et puis il le passe par l'œuvre de fixation, afin que l'union de ces trois choses se fassent

plus forte et indissoluble. Ensuite la cibation suit naturellement, par laquelle le corps animé et vivifié de l'esprit s'augmente et se multiplie en quantité et en vertu de jour en jour,
jusqu'à ce que le premier composé étant amené à la fin pré-
tendue par les diverses opérations du grand Alchimiste notre
Dieu, il le tire finalement de son vaisseau maternel en forme
d'un bel Enfant vivant et parfait.

On remarque de plus l'excellente transmutation, qu'il fait
en convertissant en chair et en os, en sang et autres liqueurs,
le pur lait dont l'enfant est nourri pendant un longtemps, et
il fait la même chose en nous du pain et de bon vin, que nous
buvons et mangeons journellement.

Ne voyons nous pas encore, comment il pratique conti-
nuellement dans nous-mêmes toutes ces opérations d'Alchimie, commençant toujours, par la putréfaction, pour venir
aux autres ouvrages de dissolution, distillation et séparation
et tout cela dans un même fourneau et point dans un seul,
vaisseau, mais en plusieurs et par différents degrés de chaleur ?

Car dans l'estomac se fait la première putréfaction des
viandes que nous prenons pour notre nourriture avec la séparation du grossier du subtil, du pur et de l'impur, laquelle
étant faite le grossier et l'impur qui est l'excrément sulfureux
est renvoyé aux boyaux, qui en prennent leur nourriture
nécessaire, et ils rejettent le surplus et le poussent hors du
corps.

Mais le pur et le subtil du nutriment universel, qui est un
suc que l'on nomme chyle, de l'estomac, il s'en va au foie, qui

en fait une autre digestion, et une autre séparation pour le mieux raffiner ; du plus fin et du plus subtil il fait le sang pur et net, duquel il se nourrit aussi bien que tous ses autres compagnons les membres du corps, envoyant à chacun par ses veines sa portion congrue, le reste se l'envoie aux Rognons, qui en font une nouvelle putréfaction et une nouvelle séparation, retenant à eux le meilleur et pour le reste qui est l'urine et l'excrément du sel, ils le renvoient par ses canaux propres à la vessie, qui s'en décharge comme d'une chose superflue au corps humain.

Nous voyons aussi comme Dieu a bâti son fourneau, qui est le corps de l'homme. Ce fourneau est d'une structure si belle et si admirable, qu'on n'y saurait trouver à redire. Il a ses soupiraux et ses registres nécessaires, comme sont la bouche le nez et les oreilles, sans oublier les yeux, afin de conserver dans ce fourneau la chaleur tempérée et son feu continuel aéré, clair, et bien réglé, pour y faire toutes ses opérations Alchimiques, ensuite on voit les trois beaux vaisseaux distincts et séparés dans un très bel ordre, qu'il a placé dans ce fourneau pour achever ses opérations.

Le second de ces Vaisseaux est l'estomac, qui contient le cœur, qui est le premier et le principal membre du corps, et du cœur procèdent toutes les artères, qui sont comme des petits tuyaux, qui portent en manière de distillation les esprits vitaux dans et par toutes les parties du Corps.

Ce second vaisseau, contient aussi l'air nécessaire pour l'entretien du feu Alchimique avec ses soufflets qui sont les poumons aux deux cotés du cœur, pour lui conserver sa chaleur, et pourtant le rafraîchir tout doucement le préservant de combustion, quand ce feu se trouverait déréglé par quelques excès.

Le premier vaisseau est la tête, qui contient le cerveau et dans celui-ci tous les sens de l'homme. Du cerveau procèdent aussi tous les nerfs, qui lient et entretiennent tous les membres du corps, et lui administrent la faculté de se mouvoir et de sentir.

Le troisième vaisseau est le ventre qui contient le foie, qui fait tout le sang humain. Et de ce foie procèdent les veines, qui sont des autres tuyaux, par lesquels le sang est distillé et conduit jusqu'aux extrémités de tous les membres du corps, pour nourrir et sustenter chacun de ces membres et par-là leur fournir les forces naturelles.

Et encore bien que dans ces trois vaisseaux, il se fasse différentes opérations, toutefois le tout ne tend qu'à une même fin, qui est d'amener et entretenir ce corps en une parfaite santé et longue vie avec la vertu et la puissance de multiplier son espèce infiniment jusqu'à la consommation des siècles.

Aussi voit-on entre ces trois vaisseaux une harmonie et un accord admirable, en se servant l'un et l'autre des meilleures choses, qu'ils contiennent. Car le foie contenu au ventre, et qui est comme le maître d'hôtel de tout le corps, envoie par des canaux propres l'aliment qui est nécessaire et convenable au cerveau. Il en fait autant au cœur par la grande veine, qui porte le sang au coté droit du cœur et le transporte jusqu'au milieu ou ce sang se raffine davantage, et tellement, que le plus subtil perçant plus outre, et étant parvenu jusqu'au coté gauche se convertit en esprits vitaux, dont se remplissent les artères, qui prennent leur source et leur naissance de ce coté gauche du cœur, d'où elles se répandent par tout le corps. Du coté droit du cœur il sort une veine artérielle qui porte aux poumons le sang nécessaire pour sa nourriture, et du coté gauche sort l'artère vénale par laquelle le cœur reçoit du poumon l'air, qui lui est nécessaire, tant à rafraîchir sa chaleur, qu'à attirer les vapeurs inutiles, qui naissent avec les esprits vitaux, afin de les élever et faire sortir du corps par la canne gutturale.

Par cette harmonie des membres corporels, et au moyen du secours, que l'un donne à l'autre, le corps se conserve sain et parfait, doué des quatre vertus principales, savoir : l'*Attractive*, *Rétentive*, *Immutative* et *Expulsive*, par lesquelles chaque membre attire à soi aliment, qui leur convient.

L'ayant attiré, il le retient en le retenant il le transmue et convertit en sa propre substance, et ce qui est superflu il le chasse et le rejette au dehors. L'on voit de plus comme tout le corps humain contient la forme et la figure d'un très beau, et très propre alambic, pour toutes les opérations de L'Alchimie ; car la tête y sert de chapiteau, et le surplus du corps est comme une cucurbite contenant les matières dont le souverain Alchimiste fait ses opérations. Entre le chapiteau et la cucurbite est le cou si bien joint et adapté l'un à l'autre, que rien ne peut s'exhaler du vaisseau pour se perdre, d'autant que dans le cou, il y a deux passages réellement distincts, séparés, l'un est la canne du gosier pour le passage des esprits et de l'air provenant du poumon, et l'autre est l'orifice pour le passage du boire et du manger, qui descend au ventricule pour le nutriment du corps, tout dans un ordre admirable.

En somme qui voudrait discourir en détail de toutes les belles opérations Alchimiques, que Dieu fait dans ce grand et dans ce petit monde, il s'en pourrait faire un très gros livre, et d'une doctrine très profonde, que je laisse maintenant à considérer plus profondément aux amateurs de cette noble science, me contentant d'en avoir fait cette ouverture comme chemin faisant pour aller plus outre.

Il est bien vrai que ces belles opérations Alchimiques se faisant, comme nous avons dit, dans le corps humain, il survient quelques fois de grandes fautes, non par celle du grand opérateur, qui avait parfaitement bien disposé toute chose nécessaire à son œuvre, mais la faute vient quelquefois du fourneau, mal construit ou mal entretenu, quelquefois aussi des vaisseaux scellés ou mal sigillés, et le plus souvent du feu administré sans ordre et sans mesure, le tout par la négligence du valet, sous la charge duquel toutes ces choses ont été commises. Voila la source de toutes les maladies qui nous attaquent journalièrement.

Et pour conclusion, je répète encore, qu'après la sainte théologie, il n'y a science au monde, qui soit si nécessaire, ni si utile aux hommes, que l'Alchimie, dans laquelle, il n'y a point de teinture, qui soit fixe et permanente, ni qui soit suffisante à ôter et consumer les impuretés des métaux, sinon celle de la Pierre ou de la Teinture physique, qui se doit composer de matière homogène et de la propre semence de nature, sans addition d'autre chose étrangère, comme le té-

moignent tous les bons Philosophes, qui généralement s'ac-
cordent tous à cette maxime : que tous les individus de la
basse nature ont chacun sa propre semence pour conserver
et multiplier à l'infini leurs espèces jusqu'à la consommation
monde ; tellement que pour faire de l'Or, il ne faut pas chercher minière, ailleurs, que dans l'or même.

C'est ce qu'à dit Augurel dans sa *Chrysopée* en peu de
paroles : « *Dans l'Or dit-il, sont les semences de l'Or* », et peu
après : « *Cette semence est un esprit enfermé et lié dans une grosse
Masse de corps,* ainsi que dans une prison, qui ne demande
que la main du bon Artiste pour le délier et le mettre en liberté, afin de pouvoir montrer ses vertus Royales et la force,
que la nature lui a données par-dessus tous les autres métaux
de la Terre, qui sont ses frères puinés auxquels, il ne demande, que de faire du bien, et les avancer aux mêmes honneurs
Royaux, parce qu'ils sont sortis d'une même souche et d'un
même lignage. »

Au moyen de cette instruction et de cet avertissement les
hommes sages et bien avisés pourront désormais reconnaître
et découvrir tous les abus des trompeurs, aussi bien que leur
erreur et leur ignorance.

En premier lieu, en ce qu'ils ne travaillent pas en une
matière convenable, et ne savent même ce que c'est que la
véritable semence, ni la première matière dont la nature a
composé et compose journalièrement chacune de ses espèces pour en faire des nouvelles générations et des nouvelles
multiplications.

En second lieu, parce qu'ils ne suivent pas les vraies opérations de cette science, telles que nous les avons déclarées ci-
dessus avec leur ordre, qui ne doit être ni perverti ni prostitué
en aucune manière. Car c'est dans cet ordre que gît tout le
secret de la nature. Avec cela il se faut toujours constamment
tenir à cette autre maxime, qui dérive de la première, je veux
dire : Que l'Art n'est que la servante de la nature pour abréger
le temps en lui achevant ses désirs, qui tendent toujours à la
perfection et à la propagation de ses composés.

À raison de quoi ceux qui entreprendront à faire cette
Pierre ou Teinture Physique doivent faire une attention extraordinaire à ce principe, que j'ai bien voulu révéler, afin que
personne ne se trompe ou ne se laisse désormais tromper, qui
est de n'y mettre aucune chose hétérogène ou étrangère de la
nature, autrement ils seront certainement trompés, et m'en
croit qui voudra, mais celui, qui en usera autrement, il n'en
essuiera certainement, que chagrin, perte de temps, dépenses
et dommages et peut être la santé. Je l'en assure comme très
expérimenté, depuis plus de trente ans, que j'ai premièrement
connu de ces circulateurs, que j'ai bien employé du temps,
bien dépensé de l'argent pour expérimenter leurs Recettes,
dans lesquels je n'ai jamais trouvé la moindre vérité, quant à
la vraie Transmutation métallique, non plus que dans leurs
multiplications, sinon que j'ai quelque fois aperçu que par
leurs tours et leurs finesses, ils avaient très bien su multiplier
leur or, et leur argent de la substance du mien.

Voila ce qui a fait vilipender la plus noble science du
monde, mais comme il ne faut pas prendre exemple au mal

pour le suivre, non plus que les abus que les méchants en peuvent faire, il ne faut pas mépriser et condamner ce qui est bon.

Or bénit soit le Nom du Dieu immortel qui donne la connaissance de la vérité, non seulement de cette belle science, mais encore de toutes les autres à ceux, qu'il lui plait.

CHAPITRE I

Des Excellents et admirables qualités et vertus de la teinture physique ou poudre aurifique dans laquelle se trouvent les principaux fondements de la Médecine Universelle. — Les Causes des Maladies et quels sont les Médicaments les plus propres à leur guérison et à la conservation de la vie.

D IEU Créateur du Ciel et de la Terre, qui, de sa seule parole créa le Ciel, la Terre et les Eaux, et tout ce qu'ils contiennent, animaux végétaux, et minéraux, et pour son dernier chef d'œuvre fit l'homme à son image, et lui donna plein pouvoir sur toutes les autres créatures pour s'en servir à l'entretient de sa santé et de la vie jusqu'à son dernier période. Ensuite de quoi ce premier homme crée, plusieurs de ses successeurs ont vécu sains et robuste pendant près de mille ans, je dis sans aucun sophisme des ans aussi longs que les nôtres comme on le prouve alternent par l'Écriture.

Ces premiers hommes au moyen de la sapience qu'ils avaient reçue de Dieu ont connu à fond les vertus et les propriétés de chaque simple, animal végétal et minéral, lesquelles vertus étant encloses dans la profondeur de leur masse corporelle entre l'eau flegmatique et la terre sulfurée, ils ont fort bien su les tirer et extraire par Art Chimique, en séparant le grossier du subtil et le pur de l'impur, et s'en sont servi comme de choses que Dieu avait mis en leur puissance pour leur conservation.

Cela nous enseigne que pour trouver et extraire les vertus de tous les simples du Monde, qui en leur première matière sont composés de trois choses, comme je dirai ci après, il les faut premièrement décomposer, corrompre et priver totalement de la forme que la nature leur a donnée. Ensuite, en séparer les éléments, les rectifier et les rejoindre en un corps plus parfait et mieux tempéré qu'ils n'étaient et en travaillant de cette manière, considérer avec attention, l'élément qui prédomine dans le composé, afin de connaître parfaitement la vertu de la chose que l'on cherche et par conséquent à quel usage il peut servir.

Car l'expérience nous montre clairement, que cette masse grossière du corps, qui comme j'ai dit cache dans son centre et son épaisseur l'esprit vigoureux de la chose, lui empêche de montrer en effet sa vertu, ou pour le moins la lui diminue de telle sorte, qu'il ne peut agir que bien faiblement à l'égard de ce qu'il pourrait faire s'il était dégagé de ses liens. Et ce qui est bien pis, c'est que l'estomac de l'homme malade en est extraordinairement travaillé, et en le travaillant elle l'affaiblie de telle manière, qu'il lui est presque impossible de digérer une telle masse du médicament administré sans ladite séparation chimique; le pauvre estomac étant contraint de suppléer à l'ignorance du médecin et de l'apothicaire, qui n'ont su, ou voulu prendre la peine de faire cette séparation comme l'art le requiert.

D'où il arrive que de tels remèdes, que l'on donne communément avec leur marc sans aucune séparation ni purification, non seulement ne profitent, que bien peu, mais le plus souvent nuisent aux malades, en augmentant leurs maladies, ou leur en engendrant des nouvelles, après leur avoir diminué la chaleur de l'estomac de telle sorte qu'il ne saurait plus faire une digestion convenable de la viande et de la nourriture ordinaire.

Or si la première digestion qui se fait dans l'estomac, n'est pas bonne, le foie qui fait la seconde digestion ne peut trouver de quoi faire un bon sang pour l'envoyer et le distribuer par les veines à tous les membres du corps.

Il s'ensuit de là évidemment, que les Rognons où se fait la 3e digestion n'y trouvant pas la substance nécessaire pour leur entretien, ils ne la retiendront aucunement, mais ils laisseront tout écouler par les conduits de l'urine, laquelle sera toute crue et indigeste.

Cependant l'on fait très peu d'attention à la vraie cause de tous ces mauvais accidents, qui est celle que je viens de dire. Or pour bien faire la séparation et la purification par l'Art Chimique, il faut en premier lieu bien entendre l'ordre que la nature a tenu dans la composition de chaque corps, et de quelle matière ce corps est composé, j'appelle corps en général toute chose, qui se peut voir et toucher.

La commune opinion est que tout corps est composé de quatre éléments, la *Terre*, l'*Eau*, l'*Air* et le *Feu*, mais ce n'est pas assez dit, car qui est celui qui osera se vanter d'avoir jamais vu ou touché aucun des principes en son Essence?

Certainement il ne se voit aucune terre, qui ne contienne le feu, il n'est aucun feu qui ne contienne de l'air, il n'est aucun air, qui ne contienne de l'eau, et puis de la grossièreté de l'eau s'engendre la terre, de sorte que l'Art de séparation ne saurait ramener par soi chaque élément dans sa simplicité, mais ils sont et demeurent toujours en une forme corporelle visible et palpable Élément Élémenté et particulièrement participant l'un de l'autre, encore bien, qu'en chaque simple, soit animal soit végétal ou minéral, il y ait un élément prédominant qui fait connaître sa vertu et sa puissance.

Il faut donc passer plus avant et montrer quelle est la matière de chaque corps soit sensible soit insensible, de quoi il est composé, comment il est conservé en son entier et finalement s'il se peut décomposer et corrompre en rétrogradant l'ordre de la nature, pour venir à ladite séparation.

De là nous entendons, par quels moyens la vie humaine s'entretient et en quoi consiste la conservation de la santé, ensuite nous comprendrons de quelle manière on peut la rétablir après les dérangements que causent les maladies qui attaquent journellement le corps humain.

Je dis donc pour ma première maxime principale, que généralement tout corps est composé de trois choses diverses, qui ont des vertus distinctes et séparées ; ces trois choses étant bien unies en une proportion convenable, font un corps tempéré. Ces trois premières choses sont le *Soufre*, le *Mercure*, et le *Sel*.

Le soufre est l'huile ou résine du corps, qui contient en soi le feu de la nature, qui est le nourricier et le conservateur de la vie.

Le mercure est une simple et pure liqueur répandue par tout le corps, qui est la cause efficiente de la continuité dudit corps, et qui contient en soi l'esprit de vie.

Le sel est comme l'âme et le moyen qui joint ensemble les deux extrêmes, j'entends l'esprit et le corps qui sont le soufre et le mercure.

Le sel a encore les propriétés naturelles de coaguler, purger, mondifier et par conséquent de conserver le corps en incorruptibilité ; ce qui l'a fait appeler par les vrais Physiciens le véritable Baume de la Nature.

Ces trois choses le soufre, le sel, et le mercure, sont bien séparables en tout corps, et après leur séparation ils se peuvent toucher au doigt et voir à l'oeil, chacun distinctement en son Essence.

Exemple grossier : Prenez tel animal ou végétal que ce puisse être, en les mettant au feu, ils sont bientôt en flammes, ce qui ne pourrait être s'ils ne contenaient un soufre de pareille qualité ignée. En s'enflammant ainsi, le mercure fuit et s'envole par l'air, à moins qu'on ne le retienne par artifice. Après la séparation dudit mercure, le corps demeure détruit en cendres qui sont les fèces du soufre. De cette cendre se tire le sel par lessive, filtration, évaporation de l'eau, jusqu'à parfaite coagulation sur le feu ou au soleil, comme se fait le sel commun.

Le semblable se peut faire de tous corps les plus solides comme sont les métalliques et les minéraux selon l'Art spagyrique, bien entendue et dûment pratiquée, mais il y faut une industrie beaucoup plus grande.

Tenant donc pour constant ce principe, que tous corps sont composés de sel, de soufre, et de mercure en due proportion et unis en parfaite unité. Il s'en suit clairement, que la santé et la vie humaine se peut conserver sans aucune dissolution ni altération aussi longtemps que ces trois choses y peuvent demeurer dans une telle union et température.

Au contraire si par quelque mauvais accident l'une d'icelles se débande comme il arrive par la nourriture des mauvaises viandes et mauvais breuvages ou par l'excès de l'un et de l'autre, par fréquenter les femmes, trop travailler le corps ou trop peu, comme sont ceux, qui demeurent oisifs, ou qui mènent une vie sédentaire ne travaillant que de l'esprit sans aucun exercice corporel, ou qui endurent la faim, froid, frayeurs et autres accidents : de tout cela il s'ensuit une altération de la santé et la génération des maladies, par le dérèglement de l'un des trois, de deux ou quelques fois même de tous les trois ensemble, qui sont le soufre, le sel et le mercure.

Or pour connaître lequel de ces trois principes est altère et la véritable cause de la maladie, et même telle quelle est dans son anatomie, il faut présupposer, que le soufre étant par excès enflammé, attaque directement et échauffe outre mesure les principaux membres intérieurs à savoir : le cœur le foie, les reins et le cerveau, dont s'engendrent toutes les maladies chaudes et aiguës, comme fièvres, pleurésies, pestes, épilepsies, manies, frénésies, etc., lesquelles se doivent proprement appeler maladies sulfurées.

Le sel venant à se dissoudre par quelqu'un desdits accidents engendre toutes les maladies par les fluxions comme catarrhes, apoplexies, sninancies hydropisies, flux de ventre, dysenterie, lientérie, diarrhée etc. En se dissolvant, il s'écoule du corps peu à peu, tant qu'à la fin tout le sang humain et la chair même se trouvant dénués de ce sel, qui est leur baume naturel viennent à se corrompre, et de cette source viennent aussi tous les ulcères malins, tant internes qu'externes, polype, nolimetengère, chancre loups, fistules et toutes les six espèces de lèpre, qui mènent tout le corps humain à pourriture peu à peu et à mesure que le dit sel y vient à diminuer, ce qui fait que toutes ces maladies doivent être appelées salines,

Quant au mercure il ne s'altère jamais de lui seul, mais quand le sel ou le soufre sont altérés et corrompus comme j'ai dit, ils engendrent des excréments venimeux, que la nature débilitée par excès ne saurait expulser ; et lors, ce mercure les reçoit dedans soi, et en est infecté.

Ensuite les portant par tout le corps il s'en décharge dans les parties concaves, ou il fait quelque séjour comme aux jointures, ligaments orteils, veines, artères et aux os jusqu'aux moelles, dont s'ensuivent de très grandes et douloureuses maladies, comme la vérole, toutes les espèces de calcul, ou pierres, gravelles, sablons tant dans les rognons que dans la vessie et dans plusieurs autres parties du corps, et cela au moyen de l'esprit coagulant du sel.

Pareillement toute espèce de goûtes tartareuses, comme podagres chiragres, sciatiques et arthritiques; et lorsque ce venin a pris possession de ces parties, il les prive de leurs esprits vitaux qui se consument peu à peu d'où, il s'ensuit une sécheresse des membres, refroidissement et congélation des nerfs, avec contraction des membres en diverses parties du corps et toutes ces maladies se doivent appeler mercurielles.

Voila la source et l'origine de toutes les sortes de maladies qui altèrent la santé des hommes, et qui les empêchent de parvenir à la période prescrite de leur vie, accélérant leur mort par faute de se bien gouverner, ou de se prémunir des remèdes, que Dieu a mis dans la nature, tant pour la conservation que pour le rétablissement de la santé.

On me demandera peut être, pourquoi je donne à ces maladies le nom de sulfurées, salées et mercurielles, selon les distinctions que j'ai données plus haut, à quoi je réponds que c'est non seulement pour les connaître en leur vraie anatomie avec leur origine et leur cause, mais aussi pour donner à entendre, qu'elle doit être la nature des médicaments et des remèdes qui conviennent à leur guérison, en quoi faisant je dis en premier lieu, que je ne suis nullement de l'opinion de ceux, qui veuillent que toute maladie se guérisse par son contraire, c'est-à-dire les maladies chaudes par des médicaments froids, et les froides par les chauds, soit en tel ou tel degré qu'on voudra, ce qui ne semble aucunement considérable.

Mais bien faut il sur toutes choses faire attention aux vertus spécifiques de chaque simple contre chaque mal, sans avoir égard s'il est chaud ou froid, ni en quel degré de cha-

leur ou froideur bien suis-je d'avis qu'un bon médecin doit
connaître non seulement la qualité, mais aussi le degré de la
maladie, qu'il a à traiter afin d'y ordonner les médicaments
convenables, et qui soient en pareille degré de vertu et de
puissance, pour vaincre, ou tout au moins pour égaler la force
du mal et évertuer la nature offensée, qui fera tous ses efforts
pour expulser son contraire, et tâchera toujours de se mainte-
nir en parfaite vigueur.

De tels remèdes si efficaces, qui ne sont ni chauds ni
froids, mais tempérés et conformes à la nature se trouvent
dans les quintessences adroitement tirées de chaque simple
soit animal, végétal, ou minéral, selon les vertus spécifiques,
que la nature a départies à chacun en particulier.

Davantage, ne voit-on pas chaque jour le succès infortuné
de cette méthode commune, de médicamenter les maladies
chaudes par les remèdes froids, et les froides par les chaudes,
étant les-uns et les autres contraires à la nature humaine, de
quoi pourtant il ne faut nullement s'étonner car par le moyen
de la contrariété, qui est entre la maladie et la médicine,
quand elle est prise dans le corps, et que les deux viennent à
se combattre, comme deux forts et puissants ennemis il n'est
pas possible que le corps n'en pâtisse extrêmement, et de telle
sorte que le plus souvent il ne peut soutenir ce dur combat
et ne sait auquel se joindre des deux, c'est-à-dire le remède
et la maladie, lui étant également contraires et entièrement
ennemis, ainsi le plus souvent la victoire demeure au mal. Et
si par hasard le médicament l'emporte sur la maladie, il laisse
le corps si débile, et si exténué du combat, qu'il a souffert au-

dedans, que de longtemps il ne peut se rétablir, ce que nous voyons par l'expérience journalière.

Il paraît donc que le plus expédient serait d'administrer les médicaments à chaque espèce de maladies par son semblable spécifique ou approprié, comme les soufres aux maladies sulfurées, les sels aux maladies salées, et les mercures aux mercurielles. J'entends les soufres, sels, et mercures, de nature extraits de leurs corps et bien rectifiés par l'Art Spagyrique, encore que les soufres, sels et mercures vulgaires, dûment préparés y puissent aussi servir. Car de tels médicaments qui sont contraires seulement aux maladies et amiables aux corps humains par leur température et par la convenance qu'ils ont avec les choses dont ces corps sont composés, n'ayant que le seul mal à combattre et secondés de plus du corps leur ami, ils se pourraient promettre une victoire beaucoup plus heureuse et plus aisée contre le mal, outre que le mal étant une fois chassé, ces remèdes y demeureront unis avec leurs semblables, c'est-à-dire avec les sels, soufres et mercures du corps humain, après les avoir préalablement purgés de tous les excréments venimeux et avoir rétabli entre eux la bonne harmonie, de laquelle il s'en suivra la restauration de leurs premières vertus et de leurs puissances naturelles.

La question est de trouver ces médicaments, si parfaits qu'ils puissent faire les opérations, que je viens de rapporter. Sur quoi j'affirme par expérience, qu'ils se peuvent tirer de chaque corps, soit animal, végétal, et minéral, puisqu'ils en sont tous composés, selon notre première maxime, qui est véritable. Toutefois ils se tirent plus prochainement des uns que des autres, ils sont même de plus grande, efficacité et de plus prompte opération les uns que les autres, selon le degré de leur excellence. Car il faut noter, que tant plus un corps est de nature solide, fixe et difficile à corrompre, d'autant plus il est de longue durée, et ainsi il excelle par-dessus les autres, qui sont de moindre durée, la preuve de ceci est notoire à celui qui connaît la nature et les degrés différents, qui sont entre les choses métalliques, les animales et les végétales, ces derniers sont beaucoup moindres en solidité, fixation durée, et conséquemment aussi en vertus et puissances.

Delà on peut aisément comprendre l'excellence du Roi des métaux, qui est l'Or en sa pureté, fils du Soleil composé en sa première matière de soufre, mercure et sel très purs et très nets, si bien uni en ses parties, et si fixe qu'il ne craint ni le feu ni l'eau ni tout autre ennemi qui le puisse détruire, ou lui couper le cours de sa durée, tant que ce monde pourra durer, outre qu'il est d'une telle température, qu'à bon droit on peut l'appeler le premier chef d'œuvre de la nature.

L'on ne peut donc faire un meilleur choix que de ce précieux métal, pour en tirer les médicaments les plus puissants et les plus propres non seulement à conserver, mais aussi à rétablir les hommes en parfaites santé et à prolonger leurs vies.

C'est ce qu'ont très bien connu non seulement les sages du premier siècle, qui ont conservé leurs vies en parfaite santé pendant plusieurs centaines d'années, mais encore plusieurs qui ont vécu depuis le déluge, comme *Hermès* le grand, appelé Trismégiste, c'est-à-dire trois fois sage, parce que c'est lui seul qui a renouvelé le premier la vraie connaissance de toute la nature animale, végétale et minérale.

Artéphius qui a vécu plus de mille vingt cinq ans, Pythagore, Socrate, Aristote, Platon, entre les plus excellents philosophes de leur temps , Salomon roi des Juifs, Caly roi des Égyptiens et Geber roi des Arabes, Morien romain, Albert le grand et plusieurs autres, anciens sages.

Et entre les modernes qui ont vécu depuis cent ou cent vingt ans Raymond Lulle qui est mort de supplice pour la foi chrétienne à l'âge de 145 ans, Majorcain, Arnaud de Villeneuve napolitain, St. Thomas d'Aquin, Roger Bacon, George Riplée, Bernard comte de Trévisan, Huldéric Eslinger allemand, qui a conservé plus de cent ans la santé à l'Empereur Frédéric père de Maximilien et pour le dernier ce grand Philosophe Théophraste Paracelse suisse, qui mérite d'être placé au premier rang, comme roi de toute philosophie et médecine, tant en vraie théorie qu'en bonne pratique et expériences très certaines, ayant guéri de son temps toutes les maladies, que les médecins estiment encore aujourd'hui incurables, comme ladrerie, mal caduc, hydropisies, toute sorte de goûtes et autres maladies déplorables, de quoi font ample foi messieurs de Nuremberg, à la réquisition desquels il y guérit douze ladres, qu'ils lui présentèrent publiquement, lorsque les médecins de la dite ville par envie le voulurent faire chasser, et pareillement messieurs de Salzbourg lui firent dresser un Épitaphe après sa mort, écrit et gravé en une pierre contre le mur de l'église de St. Sébastien, qui subsistera autant que la ville, pour la mémoire d'un si grand homme mort 1541.

Mais revenant à notre propos, touchant les excellentes vertus de l'Or, je ne veux pas nier que les autres métaux, ne soient aussi douées de vertus admirables tant pour la conservation que pour le rétablissement de la santé.

Je sais fort bien, que chaque métal en particulier a sa vertu spécifique pour servir aux sept principaux membres intérieurs du corps humain, à savoir : l'Or au cœur, l'Argent au cerveau, le Mercure au foie, l'Étain au poumon, le Plomb à la rate, le Cuivre aux rognons, et le Fer au fiel.

Les autres minéraux, comme toutes sortes de marcassites, sels, vitriols, soufres, n'ont pas des moindres vertus. Plusieurs pierres précieuses comme rubis, saphir et autres approchent aussi de ces vertus, comme aussi les perles, corail, manne céleste et plusieurs animaux et végétaux sans oublier le précieux antimoine, qui encore qu'il soit compris sous le genre des marcassites, mérite pourtant qu'on en fasse une mention particulière, à cause que la nature lui a accordé de si admirables vertus, que peu s'en faut qu'il ne soit digne d'être mis au rang de l'Or à l'égard de la médecine, lorsqu'il est dûment préparé. Car alors sa pure essence a la puissance et la vertu par sa propriété naturelle de raffiner l'Or de l'homme, qui est le cœur en séparant et écartant toutes les impuretés, ni plus ni moins que nous voyons qu'il raffine l'Or minéral en séparant de son essence tous les mélanges impurs qu'il tenait des autres métaux imparfaits.

Toutes fois je dis qu'en l'Or seul est la médecine universelle pour servir à tout ce à quoi les autres métaux, minéraux,

végétaux et animaux sont particulièrement approprié et res-
treint, et cela par sa vertu spécifique.

Les anciens Philosophes, qu'on appelle poètes, ont très
bien reconnu cela, quand ils ont feint qu'Apollon soit le Dieu
de la médecine, c'est-à-dire le secours des malades et la médecine même pour guérir les humains de toutes leurs maladies.

Ils ont aussi reconnu, Esculape son fils pour le premier et
le plus excellent médecin du monde. Ce même Apollon est
encore appelé Phœbus et le clair soleil, qui illumine tout ce
grand monde.

Or je demande ce qu'ils nous ont voulu signifier par leurs
figures poétiques, sinon que l'Or contient en soi la médecine
universelle pour guérir toute sorte de maladies, et illuminer
l'intérieur du petit monde, qui est le corps humain, et par
l'Esculape son fils, ils nous ont signifié le bon médecin, qui
sait préparer l'Or de telle façon, qu'il puisse se communiquer
et incorporer avec ledit corps humain, afin de l'illuminer par
ses rayons et produire en lui ses effets si efficaces, si salutaires
et si secourables contre toute sorte de maladies.

À ce propos les philosophes sont encore d'accord, qu'il
n'y a rien d'engendré en la Terre, qui n'ait son père ou pour
mieux dire son origine au ciel. Car Dieu Créateur de tout,
ayant premièrement crée le ciel avec tous les astres et les planètes qui ont leurs influences sur tout les corps terrestres,
ainsi qu'il a plu à sa Majesté Divine d'ordonner, nous disons
que l'Or étant la chose la plus parfaite, qui se trouve entre
tous les corps insensibles de la terre, est le vrai et le légitime

fils engendré du soleil céleste, qui est aussi la plus parfaite créature insensible du ciel.

Quant aux corps humains ils conviennent aussi tous sans contredit, que les astres et l'homme engendrent l'homme c'est pour cette raison sans doute, que l'homme est sujet à l'influence des astres bonne ou mauvaise, quand on le considère comme un corps physique tant seulement, ce que je dis pour cause afin que personne ne s'excuse de son péché, rejetant la faute sur l'astre qui a dominé à sa naissance, ou à sa conception, car il est écrit que l'homme sage aura la domination sur les astres, pour ne pas se rendre sujet à leurs malignes influences. J'entends par l'homme sage, celui qui est régénéré par l'esprit de Dieu en nouvelle vie, gardant ses commandements avec parfaite foi, et avec confiance de parvenir à la vie éternelle sous l'enseigne de Jésus notre Seigneur et notre capitaine.

En considérant donc l'homme comme un corps physique engendré en partie des astres, ce n'est pas sans raison, qu'on l'appelle microcosme ou petit monde, contenant en soi par similitude tout ce qui est contenu au grand monde, même les sept planètes, qui sont les sept principaux membres intérieurs du corps, à savoir le cœur, le cerveau, le foie, le poumon, la rate, les rognons et le fiel, qui ont la domination sur tout le corps en ce petit monde, comme les sept planètes ont la domination sur toutes les créatures du grand monde.

Ces sept planètes ont aussi laissé leur nom comme par héritage aux sept métaux de ta terre, comme à leurs vrais et légitimes enfants; savoir le Soleil à l'Or, la Lune à l'argent,

Vénus au cuivre, Jupiter à l'étain, Saturne au plomb, Mars au fer, et Mercure au vif-argent, et avec leurs noms ils leurs ont imprimé leurs vertus et leurs puissances.

De ces choses nous apprenons premièrement à connaître les maladies métalliques, avec leur origine, quand quelqu'un des membres inférieurs de l'homme est malade, et en second lieu d'où il faut tirer leurs médicaments spécifiques le plus prochainement, et de plus grande vertu ; qui est sans doute les 7 métaux susdits et d'un chacun d'iceux appropriés à la maladie, comme au mal de cœur, la médecine de l'Or ; au mal du cerveau la médecine de l'Argent ; au mal de foie celle du Mercure ; à, celui du poumon celle de l'Étain ; à celui de la rate celle de Plomb, à celui des rognons celle du cuivre, et finalement à celle du Fiel celle du fer.

Toutefois attendu que l'Or est le seul parfait métal, qui contient en soi la vertu de tous les autres, c'est à lui seul auquel on peut sûrement recourir, pour trouver plus prompt secours contre toutes les dites maladies, et c'est à cette fin, que Dieu a principalement créé et donné aux hommes ce noble et précieux métal.

Or le point de la difficulté gît dans la préparation de l'Or pour en tirer la médecine universelle ; car ceux-là manquent grossièrement, qui le font bouillir dans leurs potages et breuvages avec toute la masse corporelle, parce qu'ils n'en peuvent tirer aucune substance ; le corps de l'Or étant d'une nature si compacte et si fixe, que le feu même quelque violent qu'il soit ne le peut diminuer ni lui enlever la moindre chose, de ce qu'il a reçu de bénéfice de la nature. Moins encore le peuvent faire toutes les eaux ni les autres choses, avec lesquelles on le fait bouillir ou tremper, et quant à ceux qui le donnent en poudre, en limailles ou en poudre subtile, dans les restaurants, pilules, sirops, et leur confection d'Alchermes dont ils font tant de cas. Ils manquent doublement, ne songeant pas à ce que la chaleur naturelle de l'homme est incapable de le digérer, car elle ne saurait corrompre ce que le feu externe ne saurait jamais détruire : tellement que l'Or ainsi pris en poudres ou en feuilles, ne se pouvant communiquer au corps humain, en est chassé et se retrouve dans la chaise percée tel qu'il a été pris par la bouche sans la moindre diminution de son poids ni de sa substance, ce par conséquent n'y profitant de rien, mais au contraire si la faculté expultrice de l'homme se trouve débile, cet Or ainsi avalé demeure amoncelé dans l'estomac qui en demeure chargé et aggravé ; ou bien au cas que la nature fut si puissante, qu'elle en put faire, je ne dis pas une résolution car elle est impossible, mais seulement quelque subtiliation de ses parties, encore ne serait pas cette subtiliation suffisante pour le rendre communicable au cœur et au sang. Ainsi il s'en va toujours avec les excréments et ce qui est bien pis c'est qu'en passant par les boyaux, il les incruste et il les dore par-dedans, au moyen de quoi les pores sont bouchés et les fonctions naturelles tant de l'estomac que desdits boyaux en sont empêchés, d'où naissent plus de maladies que n'ont jamais pensé ceux qui l'administrent, ni ceux qui le prennent aussi grossièrement.

NB. Il faut donc par nécessite que l'Or soit préparé et subtilié d'une autre manière, je veux dire par la réduction en sa première matière, qui sont le mercure le sel et le soufre, de telle sorte, qu'étant pris par la bouche, il se puisse avec facilité et sans donner aucun travail à l'estomac communiquer, unir et incorporer avec le mercure, soufre et sel de l'homme, qui leur sont homogènes, et qui sont la vraie matière de sa composition comme de tous les autres corps sensibles et insensibles.

Toutefois il se faut bien garder, que dans cette préparation il n'entre le venin de quelque corrosif, lequel avancerait plutôt qu'il ne prolongerait les jours de l'homme ; mais il se faut seulement servir de choses cordiales et amies de la nature.

† La véritable plante de Janus est un acide, qui voit devant et derrière lui, c'est pourquoi Janus est dépeint avec un visage devant et derrière. Or le vinaigre n'est volatil ni fixe mais un vrai hermaphrodite.

On peut encore entendre par-là, la quintessence animale, végétale, c'est-à-dire de l'homme, du vin, de la manne ou du bon miel, ou plutôt de l'esprit de vin avec le tartre car le tartre est la plante de Janus.

Ce que j'ai trouvé par une grâce spéciale de Dieu dans les esprits de certains animaux et végétaux, qui sont les plus familiers à la nature de l'homme, comme sont ceux qu'on peut extraire par art chimique de la plante de Janus et de la manne des fleurs. Secret admirable de la nature.

Par le moyen de ces excellents esprits, j'ai ramené l'Or, que l'on croyait indomptable, à sa première matière de mercure de soufre et de sel distincts, séparés visibles et palpables.

En faisant cette opération, nous avons aussi trouvé les trois manières d'or potable selon ce que Paracelse nous a laissé par écrit en son livre de la *Cure et Guérison des membres*, conçue en peu de paroles, mais en très grands mystères, et qu'il est presque impossible de comprendre sinon par les expériences.

Il dit donc que l'or est appelé l'or potable, quand avec des certains esprits et avec certaines liqueurs, il est réduit en une substance qui se peut boire et que sa dose est d'un scrupule chaque fois.

La seconde manière est qu'après ses dissolvants séparés, il est réduit en forme d'huile dans sa seule substance sans addition de la moindre chose et de celui là, la dose ne doit pas excéder 10 grains d'orge pour le plus.

La troisième est appelée quintessence de l'or, quand la teinture rouge en est extraite et séparée de son corps, et il dit que dans cette teinture, consiste la principale vertu de l'or, et sa vigueur active, c'est pourquoi il n'en ordonne pour une dose que trois grains et par davantage à la fois.

Il y en a une autre quatrième manière beaucoup plus excellente que ces trois méthodes précédentes, de laquelle il ne parle nullement dans le livre susdit; mais bien en plusieurs de ses autres livres, en celui *Tinctura Physicorum*, en sa *Pyrophisie*, au livre de *Spiritibus Planetarum*, au deuxième et au troisième livre de *Vitâ longâ*.

De l'or potable fait par cette dernière méthode un seul petit grain, peut faire transmutation soudaine non seulement des métaux imparfaits, mais aussi des corps humains altérés de quelque maladie que ce puisse être, en purgeant l'un et l'autre de leurs ordures et de toutes leurs impuretés. Celui qui la pourra trouver, pourra bien se tenir assuré de la faveur et de la grâce spéciale de Dieu, qui ne la donne pas en tout temps, ni à tous ceux qui la cherchent, mais seulement à qui et quand il lui plait, afin qu'il en use sagement à sa gloire.

Touchant ce que Paracelse, dans son dit *Livre des contractures*, ordonne de prendre cet or potable selon les doses qu'il nous a prescrites trois fois par jour, c'est-à-dire le matin, à midi et au soir. Il l'entend pour ceux, qui sont malades et même pour la guérison desdites contractures, et non point pour les personnes saines, qui se veuillent seulement conserver en parfaite santé et se prémunir contre les mauvais accidents à venir, car à ceux-là il suffira d'en prendre seulement une fois le jour au matin, encore faudrait-il qu'ils fussent déjà bien avancé en âge, et aux plus jeunes une seule fois la semaine, et même à ceux, qui ne sont pas en état de faire trop de dépense une fois le mois pourra leur suffire, bien qu'il ne puisse nuire aucunement, mais faire un très grand bien à tous ceux, qui voudront en user tous les jours, et cela sans aucune distinction des temps, ni des personnes, ni d'âge ni de sexe, ni de complexion quelque différence qu'il y puisse avoir de l'un à l'autre, par les raisons que l'on peut colliger des témoignages approuvés, que je veux bien ici rapporter en déclarant plus ouvertement les admirables vertus et les propriétés presque surnaturelles de l'or potable.

Entre les plus excellents philosophes anciens, Geber roi d'Arabie, traitant de l'excellence de l'Or potable a écrit, que l'Or était une médecine qui chasse la tristesse et conserve le corps humain dans une longue et vigoureuse jeunesse, la raison en est bien naturelle parce que toute chose se réjouit de son semblable.

Or est-il que l'Or étant le vrai fils du Soleil qui éclaire tout ce grand monde, ne reconnaît pour son semblable rien qui lui soit plus proche que le cœur humain, qui est notre Soleil intérieur, et entre les 7 principaux membres du Microcosme le plus excellent comme le soleil entre les sept planètes de ce grand monde, aussi peut-on voir, comme l'Or par sa propriété naturelle attire le cœur de chacun qui le voit de telle sorte qu'on ne peut s'empêcher de le désirer, jusqu'aux petits enfants qui n'ont encore aucune connaissance, ni le moindre usage de la raison ; jusque là que je me souviens fort bien d'en avoir vu, qui entre plusieurs jetons tous neufs de cuivre, qui reluisaient comme l'or, choisissaient sans hésiter la pièce qui était de ce métal précieux.

On ne doit donc pas s'étonner de ce que l'Or se retire naturellement au cœur de l'homme, pour le réjouir comme son semblable et en le réjouissant chasser toute tristesse et mélancolie, et par conséquent après la tristesse passée et la joie introduite au cœur il la communique à tous les autres membres intérieurs, comme le Soleil communique sa clarté à toutes les planètes du grand Monde.

De là il s'ensuit que l'intérieur étant ainsi, affecter, l'extérieur s'en doit ressentir et paraître plus jeune et mieux disposé, qu'il ne serait sans cela, et de cette force il empêche, ou pour le moins il retarde par un longtemps, la venue de la vieillesse ridée et difforme.

Arnaud de Villeneuve en son livre de *Conservanda juventute et retardanda senectute*, au chapitre premier, après avoir prôné au-dessus de toutes choses de ce Monde, l'or bien préparé, il dit ainsi au second chapitre, « il faut savoir que la rénovation et confortation de la peau de l'homme se fait promptement par l'usage de l'or potable, car c'est lui qui guérit toute lèpre, transmue le corps humain, le purifie et le renouvelle. »

« Il y a plusieurs choses, qui approchent de cette opération, mais c'est l'or potable qui fait le plus sûrement ces miracles sans se corrompre, et qui est le plus convenable à la nature humaine, car il n'échauffe ni ne refroidit, il n'humecte ni ne dessèche, mais il est tempéré de tout tempérament, en quoi il surpasse toute chose. »

« Aussi il donne secours à l'estomac froid, fait hardis les timides, conforte les cardiaques, chasse la mélancolie, tempère et conforte la chaleur naturelle, en quoi rien ne l'approche, sa vertu se manifeste en sa substance, et parce qu'il a en lui la clarté, il clarifie, par rapport à sa température, il tempère toute chose, à cause de sa pérennité, il conserve le corps humain, et à raison de sa ressemblance à la complexion humaine, il s'y incorpore étant dûment préparé.

Mais en sa préparation gît tout le secret, qui a été caché des sages de crainte de l'envie ; de plus il affermit rectifie la substance du cœur et par l'impression de sa pureté en chasse toute impureté et le garantit de tout ce qui pourrait lui nuire. Il éclaircit la substance des esprits, il émeut le sang jusqu'à la peau, induisant une beauté de jeunesse, et nettoie le corps très doucement.

Au troisième chapitre du même livre on y lit encore : « Quant aux autres choses qui échauffent et humectent par leur tempérament égal, il y a le vin, qui est de complexion tempérée, la perle pareillement est tempérée et conforte, la chaleur naturelle, elle est utile aux cardiaques et aux timides, et clarifie promptement le sang du cœur, auquel j'en ai vu plusieurs se liquéfier, et avec elles on a guérit quantité de maladies, mais ce qui n'a point de pareil est le sel de la mine du Soleil, lequel étant préparé comme il faut, les sages l'ont comparé à la chaleur d'une saine adolescence, et à raison de cette similitude, ils l'ont appelée *Pierre Animale;* les autres l'ont appelé *chisir minéral;* d'autres la *Médecine perpétuelle* et l'*Eau de la vie*, et toute l'industrie de sa préparation gît en ce qu'il soit réduit en eau très pure et potable, avec ingrédients qui ne puissent aucunement altérer sa propriété naturelle.

Celui qui voudra plus particulièrement savoir les vertus infinies de cette précieuse liqueur et substance de l'Or n'a qu'à lire les bons auteurs anciens et modernes et surtout ceux de Paracelse.

CHAPITRE II

Instruction fidèle amiable et fondée en expérience sur la question, savoir si dans la Nature, il y a un secret particulier capable de nourrir son homme, ou qui puisse augmenter son capital sans qu'il provienne hors de la source universelle.

S I jamais question agitée a trouvé des contradicteurs, c'est certainement celle que je viens de déduire, puisque la plupart des auteurs soutiennent la négative, d'autres au contraire l'établissent de toutes leurs forces, et ils tirent les preuves dont ils appuient leurs sentiments hors de l'auteur du petit et du grand paysan, les autres au contraire soutiennent, que la matière dont celui-ci forme son particulier, est celle la même dont doit se faire la teinture universelle, et qu'ainsi elle provient toujours de la véritable source universelle, et bien que cet auteur assure, que l'on peut le pratiquer tous les huit jours, et qu'il rend six lots d'or dans une marc de lune.

Il n'en manque pas qui osent s'inscrire en faux, et donnent un démenti public à cet auteur, disant que la chose est impossible, ou qu'il faut l'entendre que lorsque la Pierre ou l'œuvre universelle est une fois achevée, on peut en prendre une partie, et en faire le profit, et le reste s'en servir pour la multiplier en quantité et en qualité, et que c'est ainsi qu'il faut entendre ce particulier, et que sans cela il n'y a rien à espérer. Cela n'empêche pas que des curieux infatigables y travaillent sans relâche, et l'on aura beau m'objecter, que c'est pour cela que l'on en voit si peu de succès, parce que j'ai à répliquer, que ceux qui travaillent directement à l'œuvre Universelle, ne sont guères plus avancés.

Je ne veux pourtant prendre parti ni pour l'un ni pour l'autre dans cette dispute mais seulement enseigner grossièrement, ce que Dieu et la Nature m'ont découvert en effet et dans la vérité, et comme je ne m'en rapporterai qu'à ma propre expérience, sur laquelle seule je puis faire front, je laisserai aussi à un chacun la liberté d'en croire ce qu'il trouvera bon! Je passe donc à l'œuvre même, et je dis.

Que celui, qui veut gagner son pain honnêtement sans faire tort à personne et se tirer du labyrinthe des sophistications doit avoir trois matières en vue, et diriger toutes ses pensées sur ces trois matières, qui sont l'or, l'argent et le mercure; car ces trois choses étant les principales matières, dans lesquelles avec la bénédiction du ciel il y a quelque chose de bon à faire *in via universali*, c'est en elles aussi que sont cachés les trois plus grands mystères, pour changer l'argent en Or, par la voie particulière, afin qu'il se fasse une union radicale, et que l'or et l'argent ne puissent plus être séparés l'un de l'autre, mais qu'ils demeurent ensemble, comme un or parfait, et qu'ils puissent soutenir toutes les épreuves imaginables. Je donnerai au lecteur une véritable instruction de faire changer l'argent en or, et en faire l'inquart, pourvu que le curieux veuille bien observer toutes mes remarques les bien entendre, et pratiquer au pied de la lettre.

Je proteste cependant d'avance, que ce n'est nullement pour gagner des millions, comme l'on pourrait peut être l'espérer par la voie universelle, mais seulement pour gagner un intérêt plus fort, que par aucun applicat ni commerce, ou avec un petit capital amasser en peu de temps assez de bien pour s'entretenir honnêtement avec sa famille.

Pour garder un meilleur ordre, je renfermerai toute l'œuvre dans certains points ou questions que je vais faire tout de suite.

Premièrement, je demande pourquoi, l'argent et l'or ne s'unissent pas radicalement, quand même on les fond ensemble à fort feu, au contraire on les sépare par l'eau séparatoire dans le même poids, que l'on les avait mêlés ensemble! Un homme qui est parfaitement au fait de ces matières, me répondra, que l'or étant pur et de propriété chaude, et l'argent étant moins pur, froid et humide de sa nature, deux choses aussi contraires en qualité ne peuvent subsister ensemble constamment, à moins que celui qui est moins pur, ne soit purifié etc., et que le tiers qui a le pouvoir d'unir les choses et contraires ne survienne.

En second lieu, d'où vient, que lorsque je fonds de l'or avec du mercure et que je passe par le plomb, il se sépare si facilement sur la coupelle sans aucun effet, ni altération de la couleur, ni aucune augmentation, et que cependant par l'addition d'une bagatelle, on peut par différentes voies en rehausser la couleur, telle que celle du corail, et que l'on n'en peut faire autant de l'argent par les mêmes voies ?

Ne me répondrez-vous pas conformément au bon sens que les soufres étant d'une qualité ignée, ils aiment par cette raison à s'associer à leurs semblables ? comme on a jamais vu, que l'on ait put unir un soufre ou une huile avec l'eau radicalement, à cause qu'elle est d'une nature froide et humide, sans l'addition d'un tiers, mais bien avec ses pareils, c'est-à-dire avec des huiles sulfurées et humides, parce que l'or est un corps d'une nature pure, chaude et sulfurée, il prend volontiers dans le mercure ce qu'il y trouve de sa nature, et qui lui est homogène, et il se charge de cette matière sulfurée qui est dans vénus et il se l'approprie, ce que ne peut faire la lune, à cause qu'elle est un corps froid et humide.

Tout cela est assez connu, et je dis que si quelqu'un n'en savait pas davantage dans notre art, qu'une bonne exaltation du soleil, ce qui se peut faire à peu de frais, et dont on voit différentes manières chez les Auteurs, il ne gâtera jamais rien, car les savants dans l'Art ne doivent pas ignorer que l'or selon les influences célestes est intérieurement un feu incorruptible.

Aussitôt donc qu'il est ouvert par Vulcain, c'est-à-dire, qu'il est fondu, et qu'on lui donne une matière sulfurée pareille, en sorte qu'il puisse attirer à soi les esprits qui lui sont homogènes, il les tourne en un moment en sa substance et il se rehausse tellement en couleur selon la qualité des esprits, ou de la couleur, que l'on ne le prendrait plus pour de l'or.

Alors seulement il a la puissance de faire part à la lune purifiée et préparée d'une partie de sa force, ou pour mieux dire
de son superflu et cela radicalement et particulièrement, ce
qu'il n'était pas en état de faire auparavant.

Communément un or rehaussé de cette manière embrasse un quart de lune non préparée et l'entraîne avec lui par le
saturne et par toutes les épreuves, gardez cela pour vous.

En troisième lieu, si l'on peut croire que l'on puisse purifier la lune commune et la digérer de façon qu'elle se puisse
unir en grande partie, sinon entièrement avec le Soleil, et parce qu'un homme Artiste n'ignore pas qu'il n'y a rien d'impossible à l'Art et à la nature pourvu que l'on en suive les règles,
il me répondra que non, puisqu'il y a bon nombre d'auteurs
graves qui affirment unanimement que l'argent étant un métal pur et fixe se change facilement en or, pourvu qu'on le
rende sourd et compact au poids de l'or, c'est-à-dire que l'on
rétrécisse ses pores et que l'on lui donne la couleur au moyen
d'un or rehaussé en couleur, ou par des soufres aurés qui se
trouvent dans quelques métaux imparfaits, ou par une action
philosophique avec un or essencifié.

Il y a aussi tels auteurs qui font une ample mention
de la préparation de la lune fixe ou compacte surtout Isaac
Hollandais, et Koindorffer, ce dernier disant dans un endroit
de ses écrits : Si l'on prépare six fois la lune avec le soufre
blanc et à chaque fois 12 heures entières elle devient fixe ; il
prend deux onces de calamine et quatre onces de sel commun
bien pilés et mêlés ensemble, et il importe peu de qu'elle manière on l'ait rendu compacte, pourvu qu'elle supporte tous

les examens de l'or, ce qu'il faut bien remarquer, car ce n'est pas en une heure de temps que la lune se réduit de telle sorte que l'eau forte n'y voudra plus faire d'action.

Prenez du soufre et du borax ana, faites-le fondre dans un creuset en un presque verre ce qui se fait promptement à un feu léger ; fondez avec cette matière une partie d'argent pendant une heure avec violence, videz-la dans une lingotière mettez-la en grenailles et puis dans l'eau forte, je vous répond que l'eau forte n'y touchera pas quand même vous la feriez bouillir ensemble, mais je n'en suis pas plus avancé, si je porte cette lune dans 16 parties de plomb, comme c'est l'ordre, et que de la coupelle je retrouve ma lune telle qu'elle était auparavant, et l'eau forte la dissoudra comme une autre lune.

L'on peut faire la même chose avec le cinabre et rendre la lune si fixe et si serrée qu'on la laisserait trois mois dans l'eau forte, sans qu'elle y toucherait, mais si un tiers n'y vient à son aide il en sera de même qu'avec le précédent, car dans le cinabre il y a aussi un soufre commun, fut-il même fait avec l'antimoine il n'en serait pas meilleur pour cela, c'est que tout soufre commun est contraire à l'eau forte et qu'au contraire le plomb le gobe aisément. Mais aussitôt que la calamine survient, où l'on trouve un soufre demi-fixe, et pour peu qu'on le sache fixer davantage, le bon vieux saturne est contraint de la laisser en paix. Et bien que je ne fasse ici mention que de la calamine, il faut savoir que dans les autres minéraux il y a aussi un soufre pareil, mais je l'abandonne à la recherche d'un chacun.

Je veux seulement que l'on fasse attention que l'on prétend que la calamine est un zinc qui n'est pas fusible, et le zinc une métallique et fusible, mais il n'est presque pas croyable quelle teinture il y a dans le zinc, car si je tire seulement deux gros de mercure hors du zinc et le prépare et que j'amalgame 50 et plus de gros de lune, l'une après l'autre avec ce mercure, en distillant toujours le mercure arrière de la lune, tout l'argent sera de couleur de Ducat, sans le moindre déchet du coté du mercure.

C'est ce que fait aussi le mercure du vitriol qui se prépare bien plus vite et plus facilement que l'autre, jusque la qu'en 6 heures de temps j'en puis démontrer la vérité ce que j'ai bien voulu dire en passant afin que personne ne se trompe avec le soufre commun, et qu'il sache ou en trouver un meilleur. Au reste il est toujours véritable que celui qui a une véritable préparation et purification de la lune en sorte qu'il la dégage et la délivre de toute humidité noircissante, qu'il digère davantage son mercure, et qu'il change sa nature froide en une plus chaude, ce qui rétrécit les pores sans autre mystère, et le corps en devient plus compact, et qui outre cela possède l'exaltation de l'or, certainement il possède un si beau secret qu'il ne saurait jamais se perdre.

En quatrième lieu que le très pénétrant esprit de mercure n'ait la puissance d'amollir et d'unir radicalement, et je suis moi-même content que sachant à présent combien cette opération est aisée et de peu de travail ait été si longtemps dans les ténèbres, et que je n'y ai pas fait plutôt raisons tant elle est facile. En un mot l'or et l'argent après leur préparation

et purification ont tant de disposition de s'unir, qu'aussitôt
que le mercure survient-il se fait une union indissoluble, car
l'esprit du mercure est comme le Prêtre qui unit tellement
l'homme avec la femme que rien que la mort n'est capable de
les séparer ou désunir.

Pour l'expliquer encore plus clairement je dirai :

1° Que l'exaltation du soleil dans la couleur est dans le
cuivre par l'addition de peu de choses de vil prix.

2° Que la préparation de la lune est comme on fait, dans
le sel commun par le moyen de Vulcain, que ces deux arca-
nes se peuvent pratiquer de plusieurs manières différentes les
unes meilleures que les autres. Il ne faut pas que j'oublie de
dire que communément la lune traîne avec elle impercepti-
blement une âme de Vénus, qui s'insinue dans les pores de
la lune et empêche que la lune ne puisse prendre d'autres
matières salines et sulfureuses, et devenir compacte, diminuer de volume et point de poids, et que l'essence de l'or ne
puisse faire son effet sur la lune. C'est ce qui fait dire à certain
auteur Kunckel, dans ses écrits chimiques qu'il ne croit pas
que personne ait encore vu une lune bien pure en sortant de
la coupelle, parce qu'elle y garde constamment une âme de
vénus, qu'elle traîne toujours avec elle ; et comme il enseigne
la méthode d'en délivrer entièrement la lune au moyen du
salpêtre et du borax et de séparer cette âme exactement, je
dis moi que le sel armoniac est le plus habile maître qui soit
pour chasser cette âme sans qu'il en reste un brin, encore que
l'on ne peut venir à bout de la chasser par aucune autre voie,
et celui qui bute à rendre la lune pure et meilleure par la voie

particulière, qu'il se serve de cette méthode dans la pureté de la lune, sans laquelle il n'y a autrement aucun profit à en attendre.

3° Je démontre par l'expérience suivante qui paraîtra peut être peu de chose à bien de gens, mais qui étant bien comprise et presque incomparable dans sa puissance et vertus, combien le mercure a de force et ce que l'art est en état d'effectuer.

Prenez de la lune fine, dans laquelle vous soyez bien certain qu'il n'y ait pas un seul grain d'or, une partie, et du pur cuivre de Hongrie, dans lequel vous soyez de même assuré qu'il n'y a pas un brin d'or, deux partis, fondez-les ensemble et jetez-les en grenailles selon l'art, mais celui qui ignore ce point les fera limer grossièrement, mêlez ensemble avec trois parties de mercure sublimé commun, mettez-les dans une retorte non lutée, placez la dans le bain sec afin que vous puissiez toujours voir l'opération du feu et de la nature, distillez-en le Mercure vif dans un récipient à demi plein d'eau commune, et vous y verrez fondre dans la retorte votre matière en guise de gomme qui se fond comme la cire à la chandelle et brûle de même, portez cette matière dans le plomb et la coupellez et vous tirez un corps de lune pure, qui ayant passé par l'inquart, laissera tomber quelque peu d'un or fort rehausser en couleur, mais la lune en est devenue à moitié volatile. De cette volatilisation de la lune un lecteur intelligent saura tirer des instructions utiles, or j'ai déjà dis plus haut que lorsque je fonds ensemble de la lune et du vénus elle ne rend pas le moindre brin d'or amélioré ou exalté ni même d'or commun à moins que le cuivre ne contienne d'avance quelque peu d'or corporel et que l'on pouvait les séparer exactement l'un de l'autre comme on les avait mis ensemble, et qu'ils ne s'unissaient pas davantage que l'huile et l'eau, à moins qu'il ne survienne un tiers qui ait la puissance d'unir l'huile avec l'eau, en sorte qu'ils passent l'un avec l'autre, ce qui est très possible comme savent fort bien tous les Apothicaires, et cela en partie par le sucre, et en partie par le sel de tartre. Qui est-ce donc qui serait incrédule au point que de ne pas croire que le mercure sublimé à fait le même effet et qu'il est en état de faire quelque chose de plus, pourvu qu'on le sache mettre dûment en œuvre ? Car aussitôt que le soufre de vénus est radicalement uni avec la lune par le moyen du mercure sublimé il y a là de l'or, quoique ni dans l'argent ni dans le cuivre il n'y en eut pas. Qui est-ce qui pourra avoir le moindre doute, que lorsque je fais dissoudre une partie de lune fixe dans une eau mercurielle, et une autre partie de soleil exalté dans une eau pareille à part, que je verse les deux solutions ensemble, que je les fais digérer ou putréfier dans le bain (de vapeurs pendant trois jours et nuits), qu'ensuite j'en distille toute l'humidité, que je verse de nouveau mon menstrue sur les matières et les fais digérer encore pendant 24 heures, que je les distille et réitère cette opération 5 ou 6 fois et la dernière fois que je donne pendant six heures un feu violent à faire rougir le verre, qu'après cela je porte mes matières dans l'or en belle fonte, les laissant en fusion pendant une bonne heure ou deux, qui peut douter que je n'aie du bon or, qui soutient l'antimoine, en donna-t-on 15 et 32 fois le poids de plomb pour la coupelle il ne perdra rien du tout de sa fixité ni de sa couleur, non plus que par les eaux séparatives, je dis selon l'expérience que j'en aie, que non seulement cela arrive en effet, que bien souvent il est encore si fort en couleur, que l'on peut lui donner encore davantage d'argent fixe, si même la lune n'était fixée que par le soufre commun il donnera pourtant quelque chose.

En pratiquant la méthode que je viens d'enseigner, bien qu'il soit véritable que le soufre métallique soit constamment le meilleur, et produise profit trois fois plus considérable et vous puisse donner un entretient honnête jusqu'à la fin de vos jours.

Ces principes sont réels on peut les démontrer chaque jour en effet et point seulement en paroles, ainsi je crois d'avoir rempli mes promesses et donné pleine satisfaction à mes lecteurs ; il y a d'ailleurs quantité d'auteurs qui donnent assez d'instructions sur cette matière, ainsi il serait inutile d'en donner une description plus marquée, il doit vous suffire que je vous aie dit sincèrement en quoi le véritable fondement de la voie particulière consiste et comme on peut parvenir par cette voie à quelque chose d'important ce que jamais auteur avant moi n'a fait que je sache.

Celui qui prendra la peine d'y réfléchir et qui fera ensuite quelques épreuves, ne manquera pas au contraire sans beaucoup de frais et sans beaucoup de travail ennuyeux, parvenir à son but, et me rendra dans son cœur mille actions de grâces pour les bonnes instructions que je lui ai données.

Pourtant afin que l'on ne puisse nullement m'accuser d'infidélité, je veux par surabondance vous enseigner encore ici trois opérations qui seront comme le fondement de la manière dont il faut s'y prendre pour dessécher la Lune, la purger de ses impuretés, et la transporter de ses qualités froides en une nature chaude, par où elle perd le son d'argent, devient du même poids que l'or, perd de son volume et le regagne en pesanteur et devient pour ainsi dire désireuse de saisir le soufre superflu du soleil exalté.

C'est ainsi que la séparation de l'or se fait avec plus de profit qu'avec la lune commune, car quand vous porteriez même la lune commune dans l'or par la méthode prédite, elle se fera plus facilement que par toute autre méthode, et la lune en prend plus volontiers le soleil. Après cela je donnerai quelques opérations qui montreront comme l'on peut exalter la couleur de l'or. Le lecteur après les avoir éprouvées, sera dans la liberté de choisir celle qu'il trouvera la plus convenable, où même d'en inventer quelques meilleures.

CHAPITRE III

Préparation première de la Lune pour l'œuvre prédite.

PRENEZ de la chaux vive une livre, sel commun une demi-livre, un quarteron de tartre crû, et prenez autant que vous voudrez de ces matière en observant cette proportion. Pilez-les tous bien, mêlez-les ensemble, et faites avec cette poudre et de la lune fine laminée, de l'épaisseur du dos d'un couteau, stratum super stratum, dans une boite à cémenter, en sorte qu'au fond de la boite il y ait l'épaisseur d'un petit doigt de poudre, et puis des lames d'argent, et puis de la poudre, et poursuivez de cette manière jusqu'à ce que la boite soit pleine, et que le dernier lit soit de poudre aussi épaisse que celui du fond.

Lorsque tout sera sec et couvert d'un couvercle, ou d'un autre creuset bien luté, placez votre boite dans un fourneau à cémenter entre quatre briques seulement avec des charbons, en sorte que le feu commence de haut en bas, et que vos creusets ou boites ne soient pas plus chauds, qu'entre brun et rouge et pas davantage, pendant dix ou douze heures.

Pendant ce temps vous y jetterez toujours de temps en temps des charbons nouveaux, afin que le feu ne s'éteigne pas. Après cela laissez éteindre le feu, ouvrez la boite, tirez en vos lamines, qui si l'opération a réussi comme il faut, et que l'argent ait beaucoup d'impuretés, seront presque noires. Nettoyez-les bien de la poudre du ciment, et stratifiés derechef avec la poudre préparée prédite, lutez et cémentez encore pendant 10 ou 12 heures, et réitérés cette opération en cémentant jusqu'à ce que les lamines d'argent soient friables et qu'on puisse les briser comme du fromage, et elles seront prêtes.

Toutes les lamines étant friables faites-les fondre avec du sel commun, laminez-les de nouveau, stratifiés-les derechef avec la poudre comme devant, jusqu'à ce que vos lamines soient derechef devenues friables, etc., etc.

Dans tout ce travail il faut faire les remarques suivantes.

1° Que plus souvent on cémente, plus la lune en devient pure et dégagée de l'âme de Vénus, et de toute humidité superflue, et plus elle devient fixe, de sorte que si quelqu'un était assez curieux que de cémenter pendant un mois tout entier, le sel ne purifierait pas seulement la lune au suprême degré, mais il en échaufferait tellement le corps froid de ce métal, qu'enfin l'eau forte ne saurait plus l'attaquer.

2° Que l'on y ajoute la chaux vive afin de tenir toujours la poudre du cément poreuse : car autrement le sel commun et la lune se fondent aisément ensemble, et il serait bien ennuyeux de toujours remettre le corps de la lune en lamines à chaque nouvelle cémentation.

3° Que la chaux donne assistance aux esprits salins pour mieux pénétrer le corps des lamines et s'y fixer, parce que l'esprit de sel ne dissout pas autrement la lune, mais seulement le soleil, et lorsque les esprits de sel s'y sont une fois fixés l'eau forte n'y peut alors plus toucher, et ils rendent la lune plus compacte et plus pesante lui ôtent le son et lui donnent autant de fixité qu'à l'or même, à la couleur près.

Ce travail n'est proprement qu'un ouvrage de femme, les frais en sont fort petits et l'effet réel ; mais je ne conseillerai jamais à personne d'entreprendre ce travail avec quelques onces, parce que ce serait toujours assez de peine de l'entreprendre avec dix livres, d'ailleurs il y faut toujours le même temps soit avec peu ou beaucoup, la Lune ne perd rien que son humidité souillante, car on sait que la Lune noircit toujours lorsqu'elle touche ou lorsqu'elle est portée par un corps en sueur.

Mais ce n'est pas ce que fait l'or, et c'est par rapport à sa pureté incomparable qu'il est estimé à plus haut prix. Voila donc la première préparation de la Lune, qui est presque la meilleure que l'on peut exécuter par quintaux dans un fourneau à cémenter convenable sans beaucoup de peine et avec très peu de charbons.

CHAPITRE IV

Seconde préparation et fixation de la Lune convenable pour l'œu-
vre prédite, la Lune devenant comme l'Or à la couleur près.

PRENEZ de l'Antimoine crû, et arsenic ana., une livre ou selon cette proportion, autant qu'il vous plaira, pilez bien vos matières chacune en particulier, mê-lez-les et les mettez ensemble dans une retorte bien luttée, placez-la dans un fourneau ou l'on fait et distille l'eau forte, adaptez-y un petit récipient, donnez-lui le feu par de-grés pendant trois heures, et ensuite pendant sept ou huit heures un feu très violent avec bois et charbons afin que tout soit rouge.

Il passera d'abord un peu d'aquosité et ensuite les fleurs volatiles monteront dans la gorge de votre retorte, qui ne servent à rien, et dans la retorte vous trouverez l'antimoine fondu et au-dessus vous y trouverez l'arsenic rouge comme le corail et entièrement fixe, car il a été en fusion sur l'anti-moine comme une huile et lui a extrait son âme ou son soufre le plus noble, se l'est approprié et en est devenu fixe.

Séparez-le de l'antimoine avec le marteau, parce qu'aussitôt il se détache, quant aux fleurs volatiles qui sont dans la gorge de la retorte elles ne sont bonnes à rien, à moins de les mêler encore une fois avec de la matière nouvelle.

Alors prenez une livre de cet arsenic fixe et une livre et demie de salpêtre pilé, mêlez et mettez-le tout dans une cucurbite et distillez en une eau forte comme on fait d'ordinaire. Servez-vous en au lieu d'eau forte pour faire l'inquart. Prenez le résidu mêlez-y derechef autant de salpêtre nouveau qu'il en a passé en eau forte, faites chauffer un bon large creuset au feu qu'il soit bien rouge, jetez-y votre masse cuillère à cuillère, quand toute votre matière sera dans le creuset, laissez-la fondre bien couverte pendant une demi-heure, en sorte pourtant que rien ne déborde. Alors versez-la dans une lingotière, pilez-la et faites *stratum super stratum* avec lune fine dans un creuset, lutez un second sur l'autre et tout étant bien sec, cémentez-les ensemble par degrés dans un feu de roue, qu'à la fin tout soit bien rouge sans fondre. Cependant ouvrez votre creuset, nettoyez vos lamines de la poudre de cémentation avec de l'eau, fondez la Lune, laminez, et cémentez derechef avec poudre pareille, ce que vous réitérez jusqu'à ce que la Lune soit fixe et que l'eau forte ne l'attaque plus.

Je vous dis que bien que ce travail soit pénible à raison qu'il faut toujours coupeller la Lune à chaque cémentation nouvelle, il n'y en a pourtant pas un plus avantageux et que la Lune devient enfin égale à l'or même, dans toutes les épreuves. On n'a rien à craindre non plus de l'arsenic fixe, car il n'est plus un poison, il n'est pas nécessaire d'en mettre davantage que l'épaisseur du dos d'un couteau entre les lamine d'argent.

NB. Voila quelques procédés pour purger, digérer et fixer la Lune, celui qui en suivra la meilleure et ne cessera pas d'y travailler, certainement il rendra la Lune meilleure dans sa substance et la transmuera en la nature et propriété de l'or à la couleur près. C'est pourquoi je les recommande fort aux lecteurs et ils trouveront par expérience que j'ai dis beaucoup en peu de mots, et que j'ai écrit et découvert la pure vérité avec plus de sincérité qu'aucun autre.

Il faut que j'ajoute encore à ce que j'ai dit, que si quelqu'un était bien curieux d'avoir promptement la fixation de la lune, qu'il la prenne après qu'elle aura été préparée quelques fois par la méthode de l'un ou l'autre de ces procédés, et qu'il la cémente seulement une ou deux fois avec le cément suivant, et il fixera en une seule fois la Lune purifiée dans tout son poids tellement que l'eau forte n'y pourra plus mordre. Et il est certain que si quelqu'un ne savait d'ailleurs rien du tout dans notre Art, sinon cette cémentation et l'exaltation de la couleur du Soleil et qu'il sut aussi la confirmation au moyen du mercure il aurait par-là de quoi s'entretenir aussi largement qu'il pourrait le souhaiter.

Prenez de l'urine d'homme de ceux surtout qui boivent du vin, s'il est possible, laissez-la reposer et clarifier pendant quelques huitaines de jours. Prenez ensuite une demi-livre de litharge d'argent, pilez-la en très fine poudre, mettez-la dans un pot bien vernis qui puisse contenir quatre pots de liquide, versez sur votre litharge la moitié autant d'urine que le pot en peut contenir, mettez votre pot sur le feu et faites-le bouillir pendant une bonne heure en remuant avec une spatule de bois sans discontinuer. Laissez alors rasseoir votre urine et versez-la doucement par inclination afin qu'il ne passe rien de trouble, dans un vaisseau bien net et sur le résidu de la litharge vous verserez de l'urine nouvelle. Faites-la derechef bouillir en remuant comme auparavant, versez-la auprès de la première, et continuez ce manège tant qu'il y aura de la litharge. De cette manière on peut préparer une bonne quantité d'urine que la litharge rend brune et épaisse comme la bière.

NB. J'ai toujours entretenu mon feu avec de bons charbons j'ai trouvé qu'il était beaucoup mieux, lorsque je n'avais aucun égard au temps, mais faisant, seulement bouillir l'urine jusqu'à la diminution de la moitié car de cette manière l'urine a mieux attiré la litharge, et j'ai continué si longtemps à verser de l'urine nouvelle jusqu'à ce que j'ai vu que l'urine ne tirai plus rien de la litharge. Vous prenez alors, antimoine crû six onces, cinabre commun une once et demi, et vert-de-gris commun une once, broyez ces trois matières ensemble sur la pierre comme fond les peintres, pendant une heure, mettez-les ensuite dans une cucurbite écourtée, versez là-dessus deux tiers d'un pot de votre urine préparée, prenez garde qu'il ne coule du sédiment. Placez votre cucurbite dans le sable, donnez-lui le feu à faire bouillir, remuez diligemment, et ayez soin que rien ne déborde, c'est pourquoi je serais d'avis de prendre une cucurbite qui ne fut pas fort basse, mais large. Faites cuire pendant huit heures entières sans interruption de sorte pourtant que l'on verse toujours de l'urine nouvelle en remuant sans discontinuer avec une spatule de bois, jusqu'à ce qu'on y ait versé deux pots entiers de cette urine préparée, bien que l'on en versât même d'avantage et à 20 reprises, cela n'y peut pas nuire, les deux mercures ne s'en disposent que mieux à la fixation. Mais il faut bien prendre garde sur la fin de remuer diligemment, sans quoi tout se coagulerait comme une pierre au fond et l'on ne pourrait le tirer de la cucurbite sans la briser.

Après avoir bien desséché votre poudre, si elle pèse neuf onces, c'est fort bien fait. Stratifiez avec cette poudre la Lune purifiée et compacte, et il n'en serait que mieux si l'on mettait entre les lamines de lune ; l'épaisseur d'un petit doigt de cette poudre. Lutez bien le creuset dans lequel vous aurez mis votre lune avec un second renversé sur l'autre, cémentez au feu de roue pendant huit heures, de telle façon qu'à la fin le feu soit tout proche du creuset, sans pourtant qu'aucun charbon le touche, et encore moins que le creuset devienne rouge, afin qu'il ne fonde pas, sans quoi la lune et l'antimoine couleraient en régule, qu'il faudrait ensuite pousser en scories par le moyen du salpêtre, ce qui serait pénible, et l'urine avec son huileux fera son effet, et introduira fort bien tous les soufres mercuriels.

Tirez vos lamines hors du creuset, raclez la poudre bien nettement, fondez, grenaillez et mettez les à l'inquart. Je vous dis en vérité que si vous réussissez dans la première cémentation, (sinon réitérés avec poudre nouvelle) vous verrez des merveilles dans la séparation, comme quoi l'eau forte ne veut plus toucher à l'argent, et comme la lune aura gagnée la jaunisse, la chaux copieuse qu'elle laisse tomber dans la séparation est aussi molle et fusible que le beurre lorsqu'on veut la faire rougir, c'est pourquoi on l'enveloppe dans du plomb subtilement battu, et on la porte sur la coupelle sans l'avoir fait rougir.

Alors vous verrez qu'elle a non seulement la couleur de l'or mais qu'elle est effectivement un or qui soutient toutes les épreuves imaginables. Je dis pourtant, pourvu que l'on attrape le cément, car il arrive quelque fois que l'on manque, ou que l'on répète souvent, que l'on y vienne, et l'eau forte ne touchera en rien le corps, mais si étant mis à la coupelle, la plus grande partie de la fixité s'en va, mais il faut avant de la coupeller la mêler avec l'or exalté et que je les confirme avec le mercure comme j'ai dis plus haut, alors je peux les coupeller tant que je voudrais, les faire passer par l'antimoine et l'inquart, elle est et demeure fixe et inaltérable, il y a dans le mercure et sa confirmation une opération si nouvelle et si inconnue qu'il faut tenir cette confirmation cachée comme la principale pièce de l'œuvre.

NB. Lorsque l'on prend la peine de jeter sur le cul du creuset supérieur de l'argile froide ou des torchons humides, ce rafraîchissement fait attacher en haut une poudre subtile, qui étant bien frottée et lavée donne un mercure coulant qu'on peut presque rougir au feu et qui dore une cuillère d'argent ni plus ni moins que s'il était amalgamé avec l'or.

Il ne faut pas encore ignorer que c'est la réitération des opérations qui porte une chose à sa perfection, ce que l'on expérimente dans notre Art par une diligence infatigable.

C'est pourquoi il faut chercher sans se dégoûter jusqu'à ce que l'on vienne à son but, et dut-on répéter cette cémentation depuis 3 jusqu'à 6 fois avant d'en venir à bout, et alors seulement coupeller et séparer, je vous assure que vous toucherez au but et que vous trouverez davantage que vous ne vous imaginez d'abord, c'est pour cela que je ne fixe ni temps ni heure.

Et il faut que j'ajoute encore que c'est un point important ou de coupeller premièrement la lune et puis la séparer, ou premièrement séparer et puis porter la chaux dans le plomb et puis coupeller, car c'est dans cela que consiste tout l'Art de la confirmation, parce que principalement lorsque la lune à été cémentée 2 ou 3, fois avec ce cément, l'eau forte ne peut plus y mordre, et qu'ainsi il faudrait la séparer sans coupeller, ce qui doit pourtant être. En un mot on peut faire en sorte par le cinabre en 24 heures de temps que la lune se précipitera dans l'eau forte, mais cette qualité se perd à la coupelle, celui qui fait la confirmation ne laisse pas d'en faire le profit.

En peu de paroles j'ai beaucoup écrit et je ne dis rien de plus, sinon que celui qui m'entend et me comprend bien est heureux, et que chaque artiste avant de mettre la main à l'œuvre doit bien étudier et approfondir, quel est le fondement de cette Philosophie.

Je sais que c'est un travail puant que cette coction d'urine, mais qui a une force extraordinaire pour introduire quelque chose dans les métaux, et à la longue elle fixe sûrement tous les esprits volatiles et rend un métal fusible comme la cire. J'ose même assurer que dans l'urine de l'homme il y a une telle fixation qu'on en doit être surpris, car son huileux traîne une chaleur inexprimable, et parce que c'est son huileux qui domine, les esprits qui s'insinuent dans la lune font un effet merveilleux. Ajoutez que l'or et l'argent au moyen de l'antimoine prépareront une grande disposition à s'unir; mais cet antimoine doit être préparé de sorte que sa vertu ne lui soit ôtée, et dans cela et son ajoutance est cachée une grande rougeur et coloris, dont les Artistes devraient certainement se réjouir, car c'est un plomb pénétrant qui contient en soi une haute purgation et purification des métaux.

Mais bien que l'antimoine avec son sang intérieur donne une couleur fort rouge, il ne donne pourtant aucune couleur *per se* ou tout seul, aussi n'exalte-t-il nullement l'or, mais il purge seulement son soufre. Car le soufre du Soleil a d'avance en soi son coloris et son exaltation, c'est pourquoi pour donner une couleur ferme et constante aux métaux soit rouges soit blancs, il se faut bien garder de l'employer tout seul mais avec son ajoutance il fait des effets merveilleux dans sa substance.

On peut même le porter jusqu'à ce point que de donner une teinture si forte à l'or, que cet or teinté teindra en très bon or une lune purgée.

CHAPITRE V

Exaltation de l'or au-delà de sa couleur naturelle
pour l'œuvre prédit.

L E plus parfait de tous les céments, est de fondre l'or avec le double de son poids de cuivre rouge, puis les réduire en lamines minces comme du papier, puis le cémenter avec la poudre suivante. Prenez quatre parties de la farine de briques, bien tamisée, sel armoniac, sel gemme, sel commun préparé, de chacun une partie, mélangez cette poudre, et les arrosez d'urine, avant d'agencer les lamines d'or. Il les faut faire rougir ; s'il y était resté quelque ordure, elle se consomme, et que les ingrédients par leur acrimonie puissent plus librement pénétrer et imprimer leurs vertus.

Tout étant ainsi bien apprêté, on prend une boite à cimenter, au fond de laquelle on met environ l'épaisseur d'un doigt de la poudre on étend les lames trempées en urine, mais en sorte qu'elles ne se touchent point l'une l'autre, ni aussi les côtés du vaisseau, de peur qu'elles ne s'enflamment et que la chaleur venant à s'augmenter les bords ne se fondent, après sur les lamines ainsi agencées, on met environ l'épaisseur d'un demi-doigt de pot du ciment susdit, puis sur la poudre, d'autres lamines comme dessus, et ainsi continuer lit sur lit jusqu'à la cime du vase, qui doit être rempli de poudre en même épaisseur que le fond, savoir l'épaisseur d'un doigt.

Finalement on met sur le vase un couvercle, on le lutte, il convient que le couvercle ait un petit trou puis on donne le feu l'espace de 24 heures, en sorte que le pot soit toujours rouge. Après cela on tire les Lamines desquelles on sépare la poudre avec un pied de lièvre, puis on les lave en urine et on les dessèche, car en cet examen tout le cuivre s'évanouit, sa teinture et soufre incombustible demeurant en la substance de l'or, vu que selon Geber en son 18ᵉ Chapitre des fourneaux, on tire du cuivre un soufre très pur, tingeant et fixe, mais ce procédé est un peu pénible.

La même chose peut arriver par le procédé suivant, après avoir fondu le cuivre avec l'or comme j'ai enseigné plus haut, et qu'ensuite on lamine subtilement qu'il est possible, mettez ensuite vos lamines dans une petite cucurbite de séparation, versez huit fois le poids d'eau forte faible sur les lamines, et l'eau forte tirera le cuivre et le séparera de l'or, auprès duquel il aura laissé sa couleur. Et si vous réitérez ce travail par sept ou huit fois, l'or en sera si exalté qu'aucun homme ne le prendrait plus pour de l'or, mais les preuves de L'Empire font foi que c'est de l'or, puisqu'il les souffre toutes et cependant il ne ressemble plus à l'or. Mais ce procédé est encore trop pénible et coûte trop par rapport à la grande quantité de l'eau forte qui y est requise.

L'on a aussi des céments graduatoires par lesquels on peut réchauffer la couleur du Soleil au-delà de son degré naturel. Mais n'ayant pas d'intention de faire autre chose que de donner quelque méthode de réchauffer la couleur du Soleil de telle façon qu'il ne souffre pas seulement toutes les épreuves, mais qu'il change encore en Or une certaine quantité de Lune purifiée et rendue compacte et fixe, et l'entraîne ensuite avec lui par toutes les épreuves, j'espère que j'ai donné satisfaction à mes lecteurs et que j'ai accompli ma promesse. Je finirai en donnant par forme de curiosité et de corollaire quelques ouvertures touchant l'extraction de l'âme de l'or.

Quelques-uns font grand cas de cette opération, pendant que d'autres ne l'estiment nullement, et moi-même j'ai été en doute si elle était possible ou non, jusqu'à ce qu'enfin j'en reconnu la vérité casuellement, dont voici une expérience.

1° J'avais une dissolution de deux onces de Soleil faite en eau royale qui était dans un verre depuis quelques jours, lorsqu'une personne vint par mégarde renverser mon verre. J'étais peu éloigné, je pris du papier gris que j'imbibai de mon eau séparatoire, je fis sécher mon papier à l'air et je le mis ensuite bien preste dans un creuset, et le laissai se consumer à feu doux. Je mêlai la poudre noire et spongieuse avec ana de potasse et de sel commun. Je fis rougir de couleur un peu brune le creuset pendant une heure entière, alors je donnai feu de fonte aussi pendant une heure. Après avoir laissé refroidir le creuset je le brisai et je retrouvai mon or à peu près dans son poids. Mais il était aussi blanc que la lune peu s'en fallait, tellement que sur la pierre de touche à peine s'apercevait-on que ce fut de l'or, mais le fondant qui était au-dessus était rouge comme sang. Je le pilai subtilement et je versai dessus un esprit de vin très rectifié qui par la digestion me donnât un extrait très beau et très coloré. Cela m'ayant donné à penser, je fis plusieurs fois la même opération en imbibant une solution du Soleil dans le papier gris, cémen-tant et fondant avec potasse et du sel commun et j'ai trouvé à chaque fois le même effet. Quant à l'or blanc c'est une chose aisée de lui restituer sa couleur par le moyen du cuivre et de l'antimoine en l'y faisant passer quelques fois.

2° J'avais un or fort exalté que je voulais faire passer par des examens plus rigoureux que ne sont les preuves commu-nes. Je fis fondre une demi-once de cet or dans vingt onces d'antimoine qui fut aussitôt resoufflé de suite, mais le creuset perçât et une bonne partie de ma matière coulât, ce que je pus récupérer. Je le resoufflai entièrement et je trouvai que bien que mon or eut passé par vint onces d'antimoine, il était pourtant aussi fin et aussi exalté que lorsque je l'avais fondu avec l'antimoine; mais ce qui était tombé dans les cendres ou il y avait beaucoup de farine de briques, je le mêlai avec autant d'antimoine, après l'avoir pilé, lavé et séché tellement que sur une partie d'or il y en avait au moins trente d'anti-moine. Avant que de pouvoir le ramener exactement en régu-le, je fis fondre ce régule dans le double de salpêtre, je laissai le creuset rouge dans le feu pendant deux heures entières, sans souffler, et par cette fusion douce il ne s'était pas précipité un seul grain d'or hors des scories, ce qui me surprit fort. Je fis aussitôt rougir un autre creuset, j'y mettais ces scories et je les fis fondre avec violence à force de soufflet ; après une demi-heure de fusion j'y jetai de la limaille de fer pour accélérer la précipitation et je continuai à fondre encore pendant une demi-heure avec la même violence, et puis, je laissai refroidir mes matières.

Ayant trouvé mon or en régule, mais blanc comme l'argent, je le coupellai, et il sortit du plomb beau et blanc, cependant l'eau forte ne l'attaquât pas, je le passai à l'inquart et il se précipitât brun, et l'ayant fait rougir dans un creuset il parut comme or.

Mais l'ayant coupellé une seconde de fois il redevint blanc comme auparavant, à la suite j'ai pris la peine de réitérer cette opération avec de l'autre Or, mais pas une si grande quantité d'antimoine et j'ai trouvé que la manipulation consistait en ce qu'il faut que l'on cémente doucement l'or avec l'antimoine et le nitre ensemble sans le secours du soufflet, et le salpêtre en extrait l'âme, mais point du tout, lorsque l'on donne d'abord un fort feu de fonte.

Mais celui qui sait tirer l'âme du soufre du Soleil selon l'Art et selon notre méthode capitale et qui sait procéder ultérieurement avec ce soufre, encore qu'il fit passer la plus grande partie du corps de l'or en fleurs sulfureuses pareilles, ou si l'on veut en un tel cinabre métallique, il a après la pierre Philosophale la plus haute Teinture.

Mais comme il n'est question ici selon les promesses que j'ai faites au commencement que de traiter de l'extraction du soufre des métaux on me pardonnera si je ne passe pas les bornes que je me suis prescrite.

CHAPITRE VI

Pour Conclusion des Métaux et de leur Solution en général.

I
L faut que je rapporte encore une chose des métaux, dans laquelle il a quelque particularité cachée. J'ai enseigné dans les sels, qu'une précipitation desdits sels est diverse de l'autre et que l'un contient plus de terre que l'autre, c'est ce qu'il faut que je vous propose aussi dans les métaux.

Par exemple, faites un esprit de nitre avec de beau nitre comme j'ai enseigné et farine de briques, selon l'usage commun, dissolvez-y le mercure au froid, laissez-le reposer, et il se précipitera des cristaux, versez le reste de l'eau arrière desdits cristaux et, conservez-la à part, cette eau ne précipitera pourtant plus des cristaux quoiqu'il y ait encore du Mercure dedans.

Dans ces cristaux il y a la plus grande partie de la terre visqueuse du Mercure, c'est pour cela, qu'ils se précipitent le premier, faites la même chose avec l'or, l'argent, le fer, et le cuivre, faites en l'épreuve avec les cristaux de mercure, et de

Lune et vous pouvez trouver dans le troc des parties mercurielles du mercure, un surcroît dans l'argent hors du métal et du mercure, car dans la liqueur, qui ne veut plus rien précipiter, il y a la meilleure partie du mercure, quoique ce ne soit pas la véritable séparation du sel.

Et du mercure, vous pouvez pourtant par cette expérience en tirer assez d'ouverture, pour ne plus douter de la possibilité de la transmutation du mercure en argent et en or, selon que vous jugerez à propos.

Vous pouvez mettre ensemble les eaux hors desquelles il se sera fait une précipitation, ou prendre l'eau de l'un, et les cristaux de l'autre, vous pouvez vous en servir comme d'un jeu de cartes, et il y a là dedans une spéculation admirable à faire. J'ai écrit ceci pour vous faire plaisir, si vous en pouvez tirer du profit, je ne vous l'envie point, il ne me convient pas d'en dire davantage, ni de m'annoncer plus clairement, mais je le donne pour vous instruire avec combien d'exactitude il faut observer tout ce qui se passe dans la Chimie, comme aussi, le but de votre dessein et par-là vous pourriez parvenir à quelque chose d'utile.

On me reprochera peut être, que j'ai dit auparavant, qu'il ne fallait pas mettre deux corps malades dans un même lit, avant qu'ils ne soient guéris ; et qu'ici j'ordonne au contraire d'en mettre plusieurs, cela est véritable, car j'ai parlé dans cet endroit là de la véritable purgation, et j'y ai montré, que l'on peut en quelque manière séparer une partie de la terre du mercure, et quoique dans le précipité aussi bien que dans l'eau, le métal y soit cependant, vous trouverez une diminution dans la séparation, ceci est fort court, mais d'une importante spéculation dans la Chimie, quelque simple que cela vous paraisse d'abord.

Et pour mon dernier présent je veux placer encore deux manières pour faire le mercure de lune.

Je ne crois pas qu'il y ait personne qui ait cherché la méthode de faire le mercure des métaux qui n'en ait pas eu la possibilité dans les mains mais qu'il ne l'a pas aperçue lui-même.

La raison en est que l'on veut avoir le boisseau ce que l'on ne peut obtenir que par cuillerée. Je veux ici rapporter un exemple qui est fort simple, mais qui est certain pour faire voir la possibilité de faire le mercure de lune ou de saturne, lequel il vous plaira.

Vous dissolvez l'un et l'autre dans l'eau forte et que vous la précipitiez avec le sel commun, prenez-en après que vous l'aurez bien édulcoré et séché, une once chaux vive et potasse purgé, ou bien sel de tartre de chacun une once, mêlez les tous ensemble, poussez les par une retorte de verre assez étroite, mais qu'elle ait le cou long, jusqu'à ce qu'elle soit rouge de feu, faut que vous sachiez que pour avoir un bon succès, et que l'on ne manque, ce succès ne gît pas dans le seul sel, mais aussi dans la précipitation, car il y a une différence notable, quand je dissous la lune dans l'eau forte et que j'y jette d'abord de l'eau salée, ou que j'y verse d'abord une bonne part d'eau simple, et puis j'y jette de l'eau salée.

Cherchez-en vous-même la différence je puis jurer dans ma conscience que je l'ai fait plus de 50 fois, mais je ne l'ai rapporté que pour en montrer la possibilité.

Je dis que l'on ne peut acquérir le sel de la Lune à moins que le mercure n'en soit séparé. J'ai aussi enseigné la méthode de faire un mercure vif de la lune par le moyen de l'huile de vitriol. Mais comme on peut douter puisque moi-même je le révoque en doute si ce mercure est un pur mercure de lune, vu qu'il y a dans l'huile de vitriol un mercure très noble, qui y est caché, selon la remarque que j'en ai fait dans l'endroit cité. Je veux vous enseigner à en faire une autre, et voici comme je l'ai fait.

Prenez de la chaux de lune précipitée avec le sel commun quatre onces, sel armoniac et sel alcali ana une once, sel de tartre une once et demie, sel d'urine deux dragmes, esprit de vin sans flegme deux onces, mettez tout cela dans une retorte de verre bien fermée en putréfaction quatre semaine. Puis faites-les passer par degrés, et sur la fin poussez les à force de feu, et vous aurez un Mercure vif. L'incomparable Isaac Hollandais l'a décrit cinq fois, de *Lapide Philosophorum* pag, 83 et 128, 163 et 170. Item dans le 3ᵉ œuvre minéral pag. 58 et pour des raisons à lui connues, il y a toujours changé quelque chose, retranchez de l'un, ajoutez à l'autre et vous aurez la véritable voie. Mais je n'oserais me vanter d'en avoir tiré la quantité qu'il promet par ses écrits, si vous faites attention à ses procédés avec le sel de tartre et le sel armoniac, ils sont véritables, si vous lisez bien d'un bout à l'autre et que vous méditiez ses manipulations philosophiques, et aussi que vous observiez exactement ce que j'ai écrit dans différents endroits, et que vous y prêtiez l'attention requise, vous reconnaîtrez votre faute.

Il me faut souvent rire de quelques curieux amateurs de la Chimie en discourant avec eux, quoique ce soit un passe temps fort désagréable que de s'entretenir de la Chimie avec ceux qui y ont tant soit peu travaillé chez eux le mercure d'antimoine et de lune, est d'abord prêt, rien de plus aisé selon ses messieurs que de le faire.

Mais lorsqu'il s'agit de mettre la main à l'œuvre, c'est alors seulement qu'ils voient que cette noix a l'écaille dure, et qu'elle n'est pas si aisée à croquer, qu'on pourrait se l'imaginer, car il y faut une certaine manipulation que fort peu connaissent. Mais il n'est rien de plus facile qu'à ces idiots qui emploient le mercure sublimé, car le sel, qui conjointement avec le mercure sublimé attaque le métal, fait couler le mercure ; je n'ai garde de mettre ici aucun de ces sots procédés.

Pour revenir à notre mercure je vous dirai, qu'il y a deux sortes de séparations de ce mercure de lune coulant, dont je viens de parler, et il a sa vertu particulière, l'autre se sépare en forme d'une poudre.

Si vous pouvez le séparer de sa terre et de telle sorte, qu'il ne reste rien d'étranger auprès de la lune, alors vous savez faire le sel de lune, je vous en ai seulement averti fidèlement pour votre instruction, autant qu'il est permis, ce que je dis ici de la lune, vous devez l'entendre de l'or aussi, mais cherchez le premièrement dans la lune, pour vous procurer de l'or, et ensuite se mettre avec plus de courage à la poursuite de l'autre etc.

CHAPITRE VII

De la quintessence de Miel.

ECI m'a été donné par un excellent homme, qui en a vu les expériences, et confirmé par un certain manuscrit, qui m'est tombé entre les mains. C'est pourquoi je ne vous le donne pas comme une chose qui vient de moi, et que j'ai fait, bien que j'y aie fait quelque chose, mais comme un arcane, dont je fais une singulière estime, que je réserve de faire à la fin de mes travaux à cause du temps que requiert cet ouvrage.

2° En voici le procédé. Mettez le meilleur miel, qu'on pourra trouver, corrompre au fumier, ou au bain-marie durant quarante jours, après quoi distillez dans un alambic à la vapeur du bain, tout le phlegme qui voudra monter, mettez votre matière aux cendres et en tirez l'esprit, qui est l'élément de l'air, versez le phlegme sur la matière restée réduite en poudre et en tirez la teinture, tant qu'elle n'en voudra plus donner.

3° Évaporez toutes vos teintures au bain, tirant le phlegme par distillation, il vous restera votre soufre au fond, qui est l'élément du feu. Reste maintenant à séparer le sel de la terre, qu'il faut réverbérer et la dissoudre dedans le phlegme la filtrer et cristalliser en un sel admirable, qui est l'élément de la terre.

4° Vous avez de cette façon tiré l'Élément de l'eau, l'Élément de l'air, et celui du feu par l'eau, et séparé l'Élément de la terre de ses impuretés. Distillez derechef l'esprit pour le rectifier, car comme vous avez séparé les substances par le phlegme, il faut les rejoindre par l'esprit. Dissolvez derechef l'esprit du soufre, savoir une partie de soufre sur trois d'esprits, un mois durant, ou tant de temps que tout soit dissout, auquel on ajoute son sel.

On peut avec cette admirable essence dissoudre l'or, si on dissout l'esprit avec le sel, il dissout l'argent dans une liqueur potable, qui surpasse tout autre arcane, puisqu'il fait pour ainsi dire rajeunir l'homme, en lui renouvelant le poil, la barbe, les dents, les ongles etc., en la manière que les araignées et les insectes se renouvellent tous les ans.

5° Cette quintessence où est dissout l'or, et les perles, guérit la paralysie, la faiblesse des membres, et est un excellent remède pour les hectiques et tabides. La dose est de deux ou trois gouttes dans la quatrième partie d'une cuillerée de Vin.

Le miel est enfin composé du soufre de la rosée, c'est pourquoi nous le disons non pas, la résine de la terre mais du ciel, qui tombe sur les plantes, que le Soleil cuit dans une admirable douceur, et que les abeilles cueillent et achèvent de digérer, et séparer de son soufre combustible qui passe en cire par une admirable providence de la nature.

6° Ainsi la cire est le soufre de l'air, le miel, la partie mercurielle douce, et le sel du même, qui en est séparé comme la crème est séparée du lait.

La différence du Miel ne se prend pas seulement de ses substances, mais de la diversité des abeilles qui l'élaborent, ou de la différence et diversité des plantes, ou de leurs parties, comme de leurs feuilles, de leurs fleurs, ou de leurs fruits.

Il y en a entre les abeilles, qui ne tirent cette manne ou cette douceur que des fleurs, d'autres qui ne le sucent que des feuilles, et les troisièmes que des fruits, les premières qui ne sucent que les fleurs font un miel très excellent et doux comme le sucre, les secondes qui les tirent des fruits le font meilleur encore que celui que les troisièmes tirent des feuilles, qui est un miel âpre, amer, ingrat, parce qu'elles le tirent avec le vert.

Les principales substances dont est composé le miel sont la manne l'orche et le trône, lequel miel n'est pas à la vérité dans les fleurs, feuilles et locustes des arbres, tel que nous l'avons, mais qui ne reçoit sa dernière perfection que dedans l'estomac des abeilles. Enfin le miel est aussi différent qu'il y a de contrées différentes, et des plantes différentes, car autre est le miel de Narbonne, autre celui de la Pouille etc., autre est enfin celui qui vient des roses, des lys, de la vigne, autre celui des arbres comme le prunier, cognassier, pécher etc., qui ont un sel ou plus âcre, doux, ou amer, purgatif, astringent, de bonne ou de mauvaise odeur etc.

Ce qui fait encore le miel différent, est non seulement la différence des abeilles, que nous disons nobles, parce qu'elles ne tirent que le bon miel des fleurs champêtres, les ignobles ou citoyennes, qui comme elles sont faméliques tirent le vert avec le doux, les rustiques et les champêtres sont celles qui le tirent des feuilles et locustes des arbres, comme j'ai dit.

Bref comme il se fait entre les unes et les autres un mariage, savoir de celles des bois et des champs avec celles des villes, il s'en fait encore un miel dissemblable par la longueur ou brièveté de l'hiver qui est plus ou moins chaud, serein et salubre et différent suivant les diverses impressions de l'air, des astres imprimées aux surgeons, et boutons tendres des arbres, comme sont les bruines, brouillards, elles qui altèrent, infectent et gâtent les fruits.

La première préparation qu'on en fait c'est de séparer le miel de sa cire au Soleil ou au feu, lequel est beaucoup plus doux au Soleil, parce qu'on n'y met pas d'eau, laquelle le rend fort ingrat, ce qui se fait en l'exposant sur un tamis simplement au Soleil, et une grande terrine par-dessous. Mais d'autant que ce travail est mécanique, et connu de toute sorte de personnes, il faut en faire et en préparer quelque chose de plus grand par l'Art, qui exalte et porte ses ouvrages plus loin que la nature, et que Paracelse, Basile Valentin, Raimond Lulle etc., établissent pour une des 4 parties de la médecine, pour la conservation de la santé et guérison des maladies.

CHAPITRE VIII

La division des sels en Acides, Urineux Alcalis, est double.

Que les urineux excitent la froideur et qu'au contraire les acides excitent la chaleur. 2° Que les urineux étant purgés de leurs huiles et autres impuretés sont tous d'une même sorte. 3° Que je n'ai expérimenté n'y trouvé aucun acide pur, que l'huile du vitriol. 4° Que dans l'esprit de vin il y a l'acide le plus subtil, quoi qu'il soit un esprit double. 5° Que l'on peut changer les alcalis en acides, et ceux-ci en alcalis. 6° J'ai expérimenté que le bois pourri donne plus de sel alcali que les cendres du bois sec. 7° Que dans une livre de nitre il y a à peine un quarteron, qui passe comme un esprit, que le reste devient un alcali. Voila ce que je reconnais être mes sentiments.

Je ne crois pas qu'il y ait personne qui soit le moins du monde expérimenté, qui puisse nier, que quand on jette dans une eau tiède un sel urineux, qu'il soit de cerf, ou autres, s'il est bien purgé, il ne la refroidisse aussitôt. Ainsi il excite incontestablement un froid, quoique dans lui-même il ne se sente ni froid ni chaud, car il est formé du principe du froid. Aussi un homme qui est au fait, doit savoir qu'il fait toujours ces effets d'une même sorte dans différentes précipitations, des métaux ès autre solution, mais lorsque l'on mêle cet urineux avec les huiles des aromates, pourvu qu'il soit lui-même préalablement purgé, de son huile combustible, alors par le moyen de l'esprit de vin, il en attire toute la force, ce que j'estime un excellent remède.

Car en premier lieu il est subtil, et il peut pénétrer dans tous les membres, du corps de l'homme, ce que l'on peut remarquer à l'urine, et à la sueur de celui qui en aura usé, en second lieu toute la force de l'herbe ou de l'aromate est dans l'huiles pressées comme de jusquiame de pavot etc., qui excitent le sommeil, selon leur coutume.

Et quel est l'homme un peu expérimenté, qui ignore que quand on verse ensemble les esprits rectifiés de vin et d'urine, qu'il se fait un caillé comme une glace, et hors de laquelle selon moi on pourrait faire des remèdes excellents.

J'ai fait mention plus haut de la coagulation de l'esprit de vin et d'urine, ce pourquoi il y en a qui pour avoir le sel de corne de cerf plus beau et plus blanc y versent l'esprit de vin et le subliment. Mais il faut savoir, que ce sel n'est alors plus un sel volatil pur, mais un sel double parce qu'il s'est lié avec l'acide de l'esprit de vin et son onctuosité, il est vrai qu'il n'est pas tout à fait à rejeter mais qu'il soit en tout semblable au sel froid pur, cela n'est pas vrai et un chacun les peut éprouver l'un contre l'autre, avec ce sel double on peut sublimer l'or, quand il est préparé subtilement, quoique cela requière une précaution particulière, je dis seulement que cela ne se peut faire avec le pur sel froid. C'est ce qui cause tant d'erreurs et qui fait faire tant de fautes, par exemple, l'un veut faire une expérience selon sa conception et selon sa composition, il achète les ingrédients qu'il croit y convenir, et s'il vient à réussir, ou à ne pas, réussir, ou il réussit une fois et l'autre fois pas alors l'on se plaint, l'on se lamente et c'est toujours la faute de celui qui l'a communiqué comme s'il ne l'avait pas fait sincèrement.

Quoique cela puisse arriver de la moindre circonstance, telle que celle que je viens de d'écrire, celui-ci a eu un sel volatil double, celui-là un pur sel volatil, ainsi il faut que la couleur et l'effet soient différents dans l'opération, voila pourquoi je conseille toujours à celui qui travaille de faire toujours ses ingrédients qu'il emploie lui-même, ou bien qu'il les prenne chez un savant et habile droguiste, alors il en pourra porter un jugement sûr et trouver la faute. Je n'en ai que trop souvent fait l'expérience ayant fait quelques fois des choses qui me réussissaient fort bien, et une autre fois c'était tout le contraire. Or Dieu ne change pas la nature, et ce qui réussi une fois doit réussir toujours, lorsque vous employez les mêmes matériaux, et que vous y portez la même attention, mais comme je viens de dire, c'est souvent une petite circonstance de laquelle mille personnes ne se défieraient du tout.

CHAPITRE IX

Des Sels Alcalis en général et de leurs solutions.

Tous ceux que l'on fait par le feu de toutes les herbes et du bois, et que l'on extrait par lessive, comme la potasse, soude, le sel tiré des cendres des saules, Alun, salpêtre, et sel commun, sel gemme, sel armoniac fixe etc., car il n'y a véritablement aucun acide pur, que le sel de vitriol ou son huile, tous les autres sont des sels doubles qui contiennent encore un froid, et les alcalis comme le sel de tartre, potasse, et ceux qui se tirent des herbes sont tous d'une même sorte, et l'un n'a pas plus de froid que l'autre, car quand l'on purifie l'un de ces sels et que l'on le met distiller selon l'Art, la première chose qui monte est un flegme.

Alors il s'attache dans la gorge de la retorte, un peu de sel volatil, d'abord que vous voyez cela, ôter votre retorte, et quand elle sera refroidie, faites-en rompre la gorge, aussi avant que vous voyiez du sel, ramassez ce sel ensemble, qui est un peu aigrelet; car il ne peut être si exact que ce sel froid, qui était dans l'alcali, n'emporte pas avec soi un peu de l'acide.

Lors donc que vous avez seulement une once de ce sel mêlez-le dans de la chaux vive, et vous trouverez d'abord l'esprit urineux, l'acide reste dans la chaux, et par le moyen de la terre de ladite chaux il devient un Alcali.

CHAPITRE X

Du Salpêtre.

I L n'est rien de plus commun que la manière d'en distiller l'esprit, ainsi il est inutile d'en faire mention ici, il faut pourtant qu'en faveur de ceux qui commencent à travailler en Chimie je leur donne cette instruction, que quand on veut distiller un esprit de nitre pur et net, il faut prendre les premiers et les plus beaux cristaux, car la seconde précipitation lorsque l'on fait bouillir plus outre l'eau de nitre jusqu'à une certaine diminution, elle tient déjà un peu de sel commun, et naturellement elle en entraîne un peu avec elle, ainsi pour procéder avec exactitude, il faut vitement laver ces cristaux avec de l'eau froide, afin qu'il n'y demeure rien attaché de la lessive, et puis les bien sécher. Ces cristaux donnent un esprit charmant, qui ne participe que peu ou point du tout du sel commun, la seconde, et troisième précipitation sont fort bons pour faire l'esprit de sel, à savoir quand on en distille une eau forte que l'on jette ensuite sur le sel commun, et que l'on distille derechef.

Pour éprouver les Esprits de nitre et les eaux fortes, il y faut dissoudre un peu de lune par exemple une demi-dragme ou une dragme dans une once d'eau, et l'on peut voir laquelle laisse tomber davantage le plus de sel ; et celle qui n'en laisse tomber que très peu, est la meilleure pour beaucoup de choses. Un homme qui veut dans ses opérations réussir une fois comme l'autre, doit faire beaucoup d'attention à cela, et même autant qu'il en doit avoir à la solution et coagulation des sels.

C'est toute la même chose avec le sel commun, car l'un diffère de l'autre au regard de son urineux ou froid, et l'on le connaît de la manière qui suit, je prends par exemple une ou plusieurs livres de sel et je les mêle avec 3¼ Pf. de tuiles pilées ou du sable lavé et bien brûlé, et je les distille fortement. Lors donc que cet esprit de sel est bien séparé de son flegme et que l'on jette dedans de la chaux s'or ou bien des feuilles d'or, il ne les dissoudra jamais, à moins qu'il ne participe un peu du froid, mais d'abord que l'on y laisse tomber une goutte d'esprit de nitre ou d'urine, particulièrement lorsqu'il est mis dans un endroit chaud vous diriez qu'il attire l'or comme un aimant et il le dissout d'abord.

De là on peut voir qu'il lui manque un froid, sans lequel à mon avis il est impossible de dissoudre l'or, si donc le sel en est naturellement doué, il le dissout de lui-même sans qu'on ait besoin de lui ajouter ni esprit de nitre ni d'urine, mais si l'on mêle cet esprit de sel, qui ne peut dissoudre l'or avec de vieilles ardoises, et qu'on le distille alors il dissout l'or, parce que dans ces pierres il y a un froid avec lequel l'esprit de sel s'unit et passe.

Il en va de même avec l'esprit de sel, qui est fait avec l'eau forte, comme j'ai dit plus haut, or comme souvent l'eau forte est différente par rapport à son propre sel, et que le sel est souvent différent dans lui-même, que d'ailleurs l'on pousse l'eau forte plus violemment une fois que l'autre, il faut certainement que les esprits en soient différents aussi, car il y en a qui faute de froid ne font qu'extraire, au lieu que les autres dissolvent.

Voila la source des plaintes que l'on entend souvent. J'ai fait ceci et cela une fois deux fois, dit-on ensuite je l'ai encore éprouvé trois ou quatre fois, et il n'a plus réussi. Or je dis encore que Dieu ne change la nature à la volonté d'aucun homme, et ce qui se fait une fois doit toujours infailliblement se faire. J'ai été bien souvent dans le cas moi-même, et cela m'arrive encore quelque fois lorsque je ne fais pas bien attention à toutes les circonstances d'où il arrive un nombre infini de fautes.

J'ai remarqué combien les choses sont inégales dans la proportion de l'acide et du froid, et ce qu'il y faut observer, mais peut être que quelqu'un m'objectera que j'ai établi que tous les sels, excepté l'huile de vitriol et son sel étaient des sels doubles, mais parce que l'esprit de sel pur ne dissout point l'or non plus que le vitriol, il faut donc qu'il soit un pur acide aussi bien que l'autre. À cela je répond, que véritablement le sel commun qui approche le plus du vitriol, et dont la génération est la plus prochaine du vitriol ne dissout point l'or, mais il ne laisse pas pourtant d'être un sel et un esprit double pour cela, quoiqu'il ait un peu trop peu de froid, c'est ce qui fait qu'il ne peut dissoudre l'or, mais lorsque l'or l'acide un peu par l'addition de ce qui lui manque, alors ils s'assistent l'un et l'autre, car pourquoi l'huile de vitriol ne veut-elle pas dissoudre avec aussi peu d'assistance que l'esprit de sel, mais il faut qu'elle soit même mélangée avec le sel armoniac, ou un esprit urineux, ou l'alcali tel que le sel de tartre, avant qu'elle ne dissolve l'or. Il ne faut pas croire ici que ma pensée soit que je compte les alcalis comme le sel de tartre entre les urineux, mais parce que le fort acide saisi la terre qui est dans l'alcali, ainsi leur urineux est dégagé et il s'en forme un esprit double, qui dissout l'or.

J'ai montré aussi combien les solutions et les extractions sont différentes selon qu'elles sont distillées, vu que l'une ne fait qu'extraire pendant que l'autre dissout et j'en rapporterai un exemple avec l'esprit de sel et avec l'eau forte et le sel.

Prenez du verre d'antimoine et le broyez bien subtile-ment et le jetez doucement dans l'un et l'autre de ses esprits, remarquez que je dis doucement et peu à peu, car si on le jette tout d'un coup, et qu'on ne le remue pas, il tombera, au fond dur comme une pierre, de sorte qu'on ne peut l'avoir hors du verre sans le briser.

Ces deux extractions (car ce ne sont pas des solutions vu qu'il en tire un jaune et qu'il laisse une poudre blanche) il faut les regarder l'un contre l'autre et les abstraire, et vous y trouverez une différence remarquable. Il ne convient pas ici de dire ce que l'on peut faire avec cette poudre blanche, et l'huile que l'on en a distillé, de même lorsque l'on jette ce verre pulvérisé dans l'eau royale elle le dissout entièrement, plus l'esprit de sel participe de l'urineux plus il dissout de ce verre, et moins il laisse de poudre blanche dans l'abstraction. Si vous avez un procédé ou il faudrait vous en servir, vous pouvez vous régler là-dessus.

Je pourrais encore rapporter quantité d'exemples touchant les solutions, coagulations, et extractions, mais parce qu'il s'en rencontrera souvent dans les métaux, il vaut mieux d'en demeurer là et me tourner vers le sel admirable de la nature, c'est-à-dire le vitriol, en faire les remarques là-dessus autant qu'il est permis, dans l'espoir que le lecteur le tournera à son profit.

CHAPITRE XI

Du Vitriol.

I L n'y a aucun homme mortel capable de décrire cette production divine selon sa dignité par rapport à l'utilité que l'homme en peut retirer, car en premier lieu c'est une chose admirable, que l'huile de vitriol traîne avec elle un mercure véritable et courant.

J'en ai été instruit il n'y a pas beaucoup d'années de la manière suivante. Je raisonnais dans moi-même que puisque dans les métaux le mercure était lié par un acide dans une terre visqueuse, et que cet acide les dissolvait tous, il fallait que le vitriol, fut la Clé et la serrure de tous les métaux, d'où il devait s'en suivre lorsque j'y dissolvait un métal, que l'acide avec lequel la nature l'avait lié ensemble, devait s'unir une bonne partie avec lui, qu'aussi si je lui ajoutais une terre morte, il n'était pas possible que les acides qui ont une analogie entre eux, se pourraient tellement séparer qu'ils n'attaquassent ensemble cette terre, et dégageassent le mercure.

Cette spéculation n'était pas tout à fait inutile, car je fis dissoudre une once de lune dans l'huile de vitriol, et en quatre heures de temps j'y trouvai un véritable mercure vivant. Je croyais qu'infailliblement que ce mercure provenait de la lune seule, et quoiqu'il y en eut fort peu d'une once j'en trouvai pourtant de beau grain, je l'éprouvai deux ou trois fois de suite, et il me réussit toujours de la même sorte, tandis que j'avais la même huile de vitriol mais lorsque je l'eu rectifié six fois selon ma coutume, elle ne donnât plus aucun mercure, ni même aucune apparence, cela me donna beaucoup à penser, par ce que c'était le même vitriol et ainsi la même huile, sur ce qui pouvait être la cause d'un changement si inopiné. Enfin il me vient en tête que cette huile rectifiée rendait le mercure plus ferme au feu, que celle qui n'était pas si rectifiée, je conclue donc que cet acide par la rectification fixait tellement son propre mercure, ou du moins que par la rectification réitérée il le laissait derrière dans la retorte en forme de poudre blanche, et qu'ainsi il retenait celui de la lune d'autant plus fortement dans son corps; qu'ainsi il ne voulait ou ne pouvait le laisser partir.

Effectivement je ne me trompais pas pour approfondir cette affaire je mis ensemble de toutes sortes de vitriols, et je trouvai que plus ils tenaient du mercure mieux en réussissait mon expérience, car il est vrai que celui d'Angleterre fait quelque effet, mais parce qu'il est fort martial, il n'est pas si convenable, surtout lorsqu'il n'est séparé qu'une fois ou deux de son flegme par la retorte et rectifié. Ainsi lorsque l'huile n'est pas chassée par un très fort feu à la longueur du temps, il passe bien un acide comme partie volatile, mais le mercure qui est lié avec la terre, ne peut pas se dégager si promptement, mais enfin il passe, ce que j'expérimentai par cet essai.

Je fis une quantité notable de vitriol de vénus avec le soufre que je mis dans des vases plats de terre ouverts dans mon fourneau de réverbère, à savoir si le soufre n'ouvrirait pas le corps, ou si son sel acide ne resterait pas auprès du corps. Je remarquai que quand je l'eu calciné un couple de jours et que j'eus extrait le sel de vitriol, en ôtant le vase, il en sortait une nuée blanche. Je le jetai donc tout chaud le plus vite que je pus dans un vaisseau verni plein d'eau froide, afin que par ce mouvement le sel passât plus vite dans l'eau, que si j'eusse laissé refroidir le vase. Mais je n'avais garde de songer au mercure. Je vis plusieurs milliers de petits grains de mercure ce qui me surpris beaucoup, mais je commençai à douter si le vase était bien net, ou si on l'avait peut-être frotté dans un mortier dans lequel il y aurait eut du mercure, mais cela ne pouvait être à cause qu'il avait été si longtemps dans le feu. Néanmoins, je l'éprouvai encore une fois, et il arriva la même chose, ce pourquoi je mis ce qui restait de poudre dans une retorte et je la poussai à feu violent dans la pensée d'avoir quelque once de mercure, mais je me trouvai trompé dans mon attente, car il ne poussa au commencement que quelques grains de mercure dans la gorge de la retorte. Ainsi je conclue que l'acide ou le sel des métaux qui l'environnait dans le métal calciné devait l'avoir saisi et congelé ou fixé, et cela est véritable, car dans le peu d'esprit acide qui passe avec par une retorte de pierre dans une forte distillation, la preuve se voit selon la raison que j'en ai donnée auparavant, à savoir qu'il y a un mercure dans l'huile de vitriol.

Mais si l'on est curieux de l'avoir ce n'est pas par la distillation qu'il faut chercher, mais il faut prendre une chaux de lune, ou si la bourse le permet une chaux d'or, et la broyer ensemble dans un mortier de verre, le mercure s'amalgame avec le métal, et puis le pousser par la retorte, et ensuite en nettoyer la chaux avec l'eau froide, et vous la récupérerez tout entière.

Il se forme ici naturellement une question : Puisque vous doutiez vous-même dira-t-on, que le mercure que vous aviez fait de la lune avec l'huile de vitriol n'était pas un véritable mercure de lune, mais un mercure de lune et de vitriol ensemble, il ne faut donc dira-t-on faire aucun fond là-dessus.

À cela je réponds en premier lieu qu'à ce que je puis savoir, on ne saurait mettre en forme coulante le mercure de l'huile de vitriol, sinon par ce moyen ou par une addition de saturne, en second lieu je réponds que mon esprit ne s'étend pas encore si loin que de pouvoir encore assurer si ce mercure provient de l'un des deux, ou de tous les deux ensemble. Mais fondé sur une expérience à moi connue, je veux bien affirmer sur mon honneur que ce mercure fait hors de la lune, ou avec la lune est d'une qualité aussi noble et aussi excellente que celui qui est tiré de la lune par d'autres sels, or je vous demande si vous savez tirer le mercure des métaux.

Joignez donc les expériences que vous savez avec le mercure commun à celles-ci, et vous trouverez la différence, et vous n'aurez pas besoin de consulter d'autres gens, car vous aurez un témoignage clair et certain que ces gens ne l'ont jamais fait et ne l'ont jamais entendu.

Que quelqu'un prenne la peine d'examiner le nitre et tous les autres sels l'un après l'autre, et qu'il démontre clairement que l'on puisse mieux les faire cadrer à tout ce que les Philosophes en ont écrit, et qu'ils aient nommé plus expressément que celui-ci, surtout lorsqu'ils écrivent de leur menstrue, car il ne faut pas les inculper d'avoir été envieux à nommer leur matière mais dans le poids du ferment et dans l'assemblage de leurs principes purifiés ils ont été très cachés, de mon coté je veux laisser considérer à tous Amateurs de la vérité qui a encore de la raison.

1° S'il pourrait proposer une matière dans le monde qui se trouve environ, et auprès de tous les métaux, si non celle-ci.

2° Si l'on peut préparer par soi d'une chose un menstrue qui puisse dissoudre tous les métaux et réduire chacun en particulier en un vitriol naturel, sinon celle-ci.

3° Si l'on peut trouver une chose qui coagule si promptement le mercure et le rendre constant dans le feu que celle-ci.

4° Si lorsque l'on a dissout deux matières dans un menstrue, et que l'on les verse ensemble toutes les deux, ou l'une après l'autre, l'on peut trouver une chose qui ne le précipite pas mais les lie plus fortement ensemble sinon celle-ci seule.

5° Si l'on a un menstrue dans lequel tous les métaux puissent être réduits en huile, sinon dans celui-ci peut être que quelqu'un m'objectera que par un certain menstrue mercuriel on peut faire passer tous les métaux en huile, et même y dissoudre la plus part. Je le sais bien et Dieu merci ce menstrue ne m'est pas inconnu, mais je sais bien aussi que cela ne saurait être ou se faire sans vitriol, outre que ces menstrues sont des composés et qu'ils font leurs effets par une grande violence et par des manipulations artificielles, au lieu que celui-ci est un sujet simple tel que le décrivent les Philosophes, et tel que la nature le demande

6° Si l'on peut trouver une chose qui dans soi-même sans addition d'aucune chose étrangère puisse passer par toutes les couleurs, comme bleue, verte, jaune, blanche comme neige, rouge comme sang sinon celle-ci.

7° S'il y a une matière, rouge comme du sang, en laissant son sel blanc en arrière, sinon celle-ci. Remarquez pourtant quand je parle ainsi, que j'entends seulement la véritable huile de vitriol et point celle que l'on pousse avec grande violence par la retorte. Car celle-ci n'est jamais rouge de soi-même, mais claire et sans couleur. Cependant comme il est difficile d'y prendre si bien garde qu'elle ne touche au lut, ou qu'il n'en tombe quelque peu dedans, alors elle devient rouge. Mais lorsque le flegme en est séparé et que l'on la met à la chaleur, elle devient claire et même par la rectification elle devient aussi claire que les larmes qui sortent des yeux. Il est vrai tout entier dans gunckel que celle-ci est le dissolvant de tous les métaux, mais elle est bien éloignée de l'huile de vitriol que je veux dire.

Cette dernière est agréable, l'autre est ignée et mordante, et cependant elles sortent toutes les deux d'un même corps, mais dans ce travail il faut beaucoup de patience et prendre un soin particulier du feu, en récompense, il ne coûte presque que le feu, à cause que la matière est à bon prix, et que le pauvre en peut avoir aussi bien que le riche, et même dans quelques lieux on peut l'avoir pour rien. Je prie Dieu tous les jours de ne me laisser mourir sans qu'on permit trouver de cette huile de vitriol dans ma maison sans quoi je serais dans un misérable état.

8° Si personne est capable d'avancer une matière hors de laquelle et avec laquelle on puisse faire des médicaments aussi excellents, qu'avec celle ci, je crois que ce seul sujet peut suffire pour l'entretient de la santé de l'homme.

Je veux dire encore une chose à mon prochain pour l'amour que je lui porte, que dans le vitriol il y a le véritable sel des métaux, non pas qu'il le soit lui-même comme la coque d'une noisette, n'est pas le noyau, quoi que la coque et le noyau composent une noisette, aussi le noyau n'en est pas toute la douceur, mais elle y est enfermée dans beaucoup de matières grossières faites la séparation comme il faut, et vous serez au comble de vos désirs. *Sapienti Sat:*

C'est une chose assez difficile à trouver à ceux qui l'ignorent, mais fort facile à faire à ceux qui la savent, chaque semence demande une eau pour sa croissance, si l'on veut qu'elle se multiplie dans son espèce.

Or il n'y qu'une seule eau qui convient aux végétaux et aux animaux et à leur multiplication, ainsi il n'y en a qu'une qui convienne et qui soit véritablement utile à celle des métaux.

Si vous savez bien planter et bien arroser, vous en pourrez bien tirer des fruits. Si ensuite l'on veut teindre quelque chose ce n'est pas tout le corps qui se teint mais seulement son essence intérieure, et si donc cette essence est concentrée, une seule demi-once fera plus d'effet que cent onces de tout le corps.

Pour conclusion j'ai remarqué dans le chapitre du vitriol, que l'huile de vitriol retenait tellement le mercure que quand on la retire quelque fois arrière du mercure, on pouvait le fondre dans un creuset à feu ouvert et qu'il paraissait comme du sang. Si vous le videz hors du creuset il sera comme un sel blanc, si vous l'édulcorez bien il sera jaune, pourquoi ne se fait-il pas métal ? Sur cela il y a bien des choses à dire, si je vivais encore quelque temps, je me flatte que je viendrais bien à bout de l'unir avec les métaux quoique j'aurais de la peine à y réussir que par la lune et l'or ou par leur assistance etc.

Récapitulation sur le Vitriol

Le vitriol renferme tout le mystère de la médecine, et de la métallique. Il faut savoir ce qu'il tient du ciel, et des Éléments ; il tient ce qu'il a de corporel de l'alun, c'est-à-dire ce qu'il a de terrestre et d'aqueux. Voilà ce qu'il tient des Éléments, de l'eau et de la terre.

Il a semblablement un double esprit, savoir un esprit blanc, et un esprit rouge qui est plus aigre et brûlant que le premier. Le premier tient son corps de l'élément de l'air, et le second de l'élément du feu. L'esprit blanc est aigre et acide, l'esprit rouge est plus aigre et plus caustique. Il a la pesanteur de l'or, et on ne le peut avoir que par une forte expression du feu durant trente quatre heures.

Outre que ce sel est le seul sel dans la nature qui donne ces trois substances, savoir l'esprit, l'huile et le sel, il est semblablement le seul et unique sel tingeant où est renfermé toute la teinture, tout le soufre et par conséquent toute la forme des métaux. C'est pourquoi il est doué d'un double esprit très noble, et outre cela d'un soufre, d'une teinture ou âme qui renferme toute la santé et toutes les richesses, par la conjonction de laquelle avec les deux susdits esprits se forment les deux plus nobles natures du monde, savoir l'or, et l'argent.

Disons donc qu'on trouve renfermé dans ce minéral une matière en laquelle toute la nature minérale, végétable et métallique est renfermée. C'est pourquoi nous la nommons une matière universelle.

L'esprit universel n'est donc autre chose que l'esprit du mercure qui vient du ciel ou des mercure incorruptibles bien qu'altérable et susceptible de toutes les actions des agents, que Raymond Lulle, Rupecissa, etc., ont nommé quintessence sous forme de l'esprit universel bien au-dessus des Éléments, qui fait toutes leurs actions et principe de végétabilité et d'animalité ; lequel a été jusqu'à présent confondu avec le soufre et l'âme du monde, qui n'est autre chose que le feu ou la chaleur des rayons du soleil, et que l'on ne peut séparer de l'Or, de Mars, de Vénus, de la Lune, et des autres métaux que par l'esprit universel du mercure, dont j'ai parlé à cause de leur rapport et de leur convenance.

Rien ne peut (dit Raymond Lulle) tirer ce soufre et cette teinture de ses extrêmes, c'est-à-dire de ses aquosités et de ses terrestréités, que l'esprit de notre mercure.

Voilà pourquoi on peut faire du soufre blanc, et de l'esprit mercuriel blanc, une lune potable, et du soufre rouge et de l'esprit mercuriel rouge (autant, qu'il en faut pour dissoudre le soufre de l'or) un véritable or potable, pour la guérison dune infinité de maladies, lequel il faut dissoudre en un excellent esprit de vin pour l'avoir plus exalté.

On joint en cette opération toutes les quintessences, savoir celle du mercure qui est minérale, celle du soufre, qui est métallique, et celle de l'esprit de vin, qui est végétable. Ainsi comme rien de mortel n'entre en ce mélange, ce digne composé est au-dessus de l'action de tous les Éléments.

De manière que celui qui ne sait séparer de ce mélange tout ce qu'il y a des Éléments, et principalement toute l'aquosité et toute la terrestréité soit de l'esprit du vin, soit de l'esprit de l'urine, soit de l'esprit ou de l'huile de vitriol, et de sel etc., n'aura jamais l'esprit mercuriel, qui est le vrai dissolvant du soufre, de l'or, de l'argent et des autres métaux.

De même celui qui ne sait pas séparer le soufre des corps par l'esprit mercuriel, ne parviendra jamais au secret de la transmutation ni à la guérison certaine des maladies, parce qu'en ce soufre ou âme du monde réside la vertu et la vie de toute chose.

Il faut ici observer un grand secret qui est que pour avoir cette quintessence parfaite, il faut séparer non seulement toute la terrestréité et toute l'aquosité (car jamais la forme du mercure ne s'y introduit tant qu'il y en a une goutte, mais encore tous les sels armonials, sans quoi ils ne peuvent être réduit sous la définition d'esprit mercuriel ou de quintessence, parce qu'elle ne doit en aucune manière rien tenir des qualités des Éléments ; ou elle ne serait pas quelque chose au-dessus des Éléments et de leur portée, ni ne pourrait être amenée à une douceur pénétrante, d'une saveur amiable et d'une suave odeur, ce qui ce fait par une concordance admirable de son soufre doux et combustible dont est produit le fixe et l'incombustible.

Autant que l'esprit mercuriel participe de corrosion, il participe des qualités des Éléments, et à ce qu'il y à de corruptible dans les Éléments, ce qui fait qu'il ne peut pas entrer dans la définition des quintessences.

Il reste maintenant à dire comme on tire l'une et l'autre, on sépare le soufre et l'esprit du vitriol par double voie, savoir sèche et humide, et sous double forme savoir blanche ou rouge, et le sel du colcotar par solution et sublimation dont se fait la plus digne chose qui soi au monde.

Mais auparavant il faut savoir détruire vénus, et a ce sujet on sait qu'elle passe en minéral, de ce minéral on en tire une huile, et cette huile passe derechef par mars en un nouveau minéral, pour être séparée de toutes ses aquosités superflues, dont on sépare puis après l'esprit ou l'air qui est le mercure du vitriol lunaire, et l'huile rouge qui est l'esprit solaire ou le feu.

On tire de vénus préparée son soufre ou sa vertu opiatique et somnifère par sublimation avec l'esprit d'urine, ou avec l'esprit de vin le digérant trois jours à douce chaleur puis le distiller, et cohober deux ou trois fois.

D'autant que ce soufre est un pur feu, il n'y à rien qu'il ne pénètre, qu'il ne cuise, ne mâture, et comme il est combustible, qu'il ne consomme, c'est pourquoi on le peut dire un souverain remède pour l'épilepsie, et beaucoup d'autres maladies etc.

Le tout gît de conserver cette bénite verdeur, de la tirer du cuivre sans aucun corrosif, parce qu'elle est la marque de sa présence, on le calcine avec la fleur de soufre, puis on en fait un vitriol etc.

Il faut donc savoir que ce soufre consiste en l'extraction de cette bénite verdeur par un bon esprit de vinaigre distillé, dont le propre est de la séparer de ses sels alumineux, et de ses esprits arsenicaux, et pour l'avoir doux il ne faut pas dissoudre le cuivre avec aucun corrosif.

Cette verdeur est double, et se doit ici concevoir sous double sens, savoir est de la prendre pour l'esprit vert qui nous est marqué par la saveur acide, aigre ou pontique, ou pour le soufre vert, tel qu'il se retrouve au vitriol et au cuivre, qui se manifeste à la vue.

Et comme la vie de la plante nous est marquée par sa verdeur, la vie des métaux ne nous est sensible que par la même, et le mercure qui est la cause de l'augmentation, nutrition, et végétation signifiée par la même verdeur, ne doit la vie qu'au même soufre vert.

Car tout ainsi que la vie est conservée par les mêmes choses, qui fait son être, la guérison se fait des mêmes causes, qui non seulement la produisent mais qui la conservent.

Plus la vie est dans son principe, nous la devons dire plus en sa vigueur, de là nous concluons le remède d'autant plus excellent et énergique, qu'il se tire de cette verdeur, qui nous manifeste les premières marques de la vie, nous avons la preuve de ce raisonnement au soufre vert, doux, et narcotique du vitriol, qui a non seulement la vertu d'apaiser toute la férocité des accidents dans les maladies, mais de rétablir et refournir la chaleur, naturelle comme l'esprit de vin, qu'on nomme à ce sujet Eau de Vie.

Dont non seulement les artères mais les nerfs et les veines sont si altérées et avides, qu'elles le sucent et le tirent de l'estomac même auparavant la digestion, ce qui fait l'ivresse, parce qu'il n'enivre pas, quand il passe par la digestion dans la fermentation des aliments.

Et ce qui donne le nom de Médecine Universelle à ce digne soufre, est la grande pénétration, par laquelle il perce et va jusqu'au centre du mal auparavant de recevoir aucune altération dans la digestion, ce qui fait qu'il porte ses vertus toutes entières au mal, comme ce soufre est tiré du même feu qui se trouve dans les rayons du soleil, il multiplie la vie en augmentant l'esprit de la vie et la rend maîtresse de son action.

Quand à la disproportion qu'on remarque entre le minéral et l'animal, il faut savoir que le soufre où est la vie et la Médecine Universelle, n'est pas différent ni du soufre de l'animal ni de celui de la plante, à qui sait l'Art de l'extraire des métaux, en la manière que j'ai dit.

Comme l'âme est séparée du corps sans que la forme du cadavre au corps soit détruite, de même on peut séparer de l'or, de l'argent, du cuivre, même des pierres précieuses etc., ce digne et bénit soufre, sans détruire la forme du cadavre de l'or, de l'argent, etc., de manière que l'or demeure sous la forme d'un or blanc que l'on peut dire une lune compacte et restreinte. L'argent sous forme d'un corps exanime, le cuivre sous forme d'un métal blanc, neutre ou anonyme, les pierres précieuses sous la forme de cristal.

Or comme on ne peut pas dire l'animal être mort sans la séparation de l'âme d'avec le corps, on ne peut pas dire le métal etc., détruit, sans la séparation de ce soufre de son corps qui en est estimé l'âme, parce que la présence de l'âme l'empêche et le préserve de pourriture.

Et dont l'absence fait tout aussitôt qu'il passe savoir dans l'animal facilement en pourriture qui est sa dernière résolution, plus ou moins difficilement dans la plante, et encore plus dans la pierre et le métal.

D'autant que la solution des métaux qui se fait de toutes leurs parties est inutile parce qu'ils sont réductibles sous leur première forme, à cause que le soufre, qui fait leur vie et ce retour, n'est pas séparé des parties mercurielles.

Il est nécessaire de commencer la destruction des corps, par la séparation du soufre, pour avoir comme j'ai dit, ce soufre céleste en conservant cette bénite verdeur.

Après quoi le reste est d'autant plus facile que le corps passe facilement en sa résolution, et qu'il n'y a plus que le mercure à détruire, ce qui se fait facilement par son propre sel, et même toute sorte de dissolvant le peut faire.

Disons pour retourner à notre discours, que L'art désirant pousser ces principes plus avant que la nature, tache en multipliant cette verdeur, qui marque la force, la vigueur et l'action des Esprits, de la préparer comme s'ensuit.

On met le vitriol bien purifié à une chaleur fort modérée, ou rien ne peut monter que le phlegme, et ce tant qu'il demeure sel comme la pierre d'éponge, on lui redonne son phlegme, on le distille, et ce par trois fois, à la seconde il prend la couleur d'une belle Émeraude, et à la troisième il devient blanc comme du beurre.

On corrompt cette matière au fumier de cheval quarante jours, puis on en distille l'esprit doux, qui vient par veinules comme l'esprit de vin, puis l'esprit acide qui distille sous forme de fumée blanche, et enfin l'huile rouge par une forte expression de feu sans la quelle elle ne monte pas.

On met l'esprit végétable avec ses deux esprits, que l'on circule pour l'avoir plus subtil et plus pénétrant, autrement il ne peut aller au cerveau, et être propre pour la guérison des épilepsies et autres maladies

La préparation de l'huile verte de vitriol, consiste à séparer le vitriol premièrement de ses terrestréités en la mettant par distillation en huile et séparer ensuite l'huile de son aqueux par la digestion au fumier, et par distillation au bain vaporeux, enfin à mortifier son acrimonie en la distillant plusieurs fois avec l'esprit de vin, tant qu'elle soit douce et séparée de son sel armoniac, etc. Lisez l'essence de vitriol bénite qu'Isaac Hollandais a mis en son Œuvre minérale, j'y renvoie les curieux.

CHAPITRE XII

Du Mercure Sublimé.

L ES livres sont remplis de la manière dont le mercure se sublime par le sel et vitriol, voilà pourquoi je ne veux point donner d'instruction particulière touchant cette matière.

La manière qui me paraît la meilleure dans toute la chimie est celle-ci. Quand je prends une huile de vitriol bien dégagée et purgée de tout son flegme et du vif-argent ana, ou si l'huile n'est pas bien rectifiée une et demi partie d'huile avec une partie de mercure, retirez-en l'huile par la retorte jusqu'à ce que tout le mercure soit coagulé, mêlez ce précipité blanc avec du beau sel commun ana, et vous aurez un parfaitement beau sublimé corrosif. Sublimez encore une fois ou deux par soi-même, ou par le sel et il sera très pur et bon, et vous ferez fort bien si vous le sublimez une troisième fois par soi-même, car en le prenant hors du vase il se mêle parfois quelque chose du sel dont cette sublimation le dégage et le sépare. Quand vous revivifiez ce mercure avec le sel de tartre, il est deux fois meilleur qu'un autre que vous auriez sublimé six fois d'une autre manière. Versez sur ce sublimé pulvérisé la hauteur de trois doigts d'huile de sel, mettez-la huit jour à une chaleur douce et il se dissoudra, alors distillez l'huile arrière. D'abord que les gouttes cessent de tomber il commence à se fondre continuez le feu dans le même degré, et il se sublimera entièrement cristallin et transparent. Laissez refroidir la cucurbite, broyez ensemble ce qui est en haut et au milieu, ôtez ce qui est au fond, versez dessus de la nouvelle huile de sel, fait comme devant et réitérez, une 3e fois et vous aurez un parfait sublimé, gardez-le pour l'usage.

Du Mercure sublimé rouge, Théophras et Croillius et quantité d'autres décrivent ce mercure, l'un l'appelle l'arcane corallin, l'autre laudanum métallique, mais qu'on l'appelle comme on voudra, je le nomme l'arcane du mercure. Il y a une différence dans la sublimation des uns et des autres. Le meilleur que j'ai jamais fait est celui qui suit.

Je fonds le mercure dans l'eau forte, je le précipite avec le sel commun d'autant qu'il en veut précipiter, je le revivifie avec limaille de fer.

On peut prendre aussi avec celui qui a été sublimé avec l'huile de vitriol et le sel commun, et qu'on a revivifié, j'en pris une livre, puis, je pris quatre livres de vitriol de Hongrie, je les fis fondre et évaporer avec trois livres de nitre, jusqu'à ce que je vis les esprits prêts à monter, alors je mêlai ces deux esprits avec le susdit mercure et je les distillai comme une eau forte et je les sublimai et gardai ce sublimé.

J'avais préparés 21 livres de matière évaporée à savoir de nitre et vitriol, je séparai le sublimé rouge de cette sublimation et le gardai en particulier, car il monte de trois couleurs, rouge, jaune et peu de blanc. Je remis l'autre avec encore autant de matière qu'auparavant, et je lui ajoutai autant de mercure qu'il s'en était diminué afin que le poids fût toujours entier.

Je fis de ce sublimé rouge près de deux livres, ensuite j'ajoute de nouveau à huit onces de ce sublimé, 4 livres de la matière évaporée et je le distillai comme auparavant, et le resublimais en séparant toujours ce qui n'était pas bien rouge, que je gardais pour la première sublimation à faire, et je rejoignais toujours autant de sublimé rouge que le poids de huit onces fut toujours entier, et à la septième sublimation le sublimé ressemblait à un rubis transparent. J'en faisais un cas extrême et qui peut faire des effets admirables tant en médecine qu'en chimie.

J'avoue qu'il y a beaucoup d'ouvrage dans cette préparation, mais je suis bien assure qu'avec ce mercure sublimé rouge on peut faire quelque chose de grand, on ne saurait nier que le mercure ne contient une terrestréité grossière, qui lui est attachée avec ténacité selon sa première substance, on peut pourtant la séparer, car par la sublimation on l'en dégage entièrement, et on le rend si pur et si net, que si vous mettiez dans la main des feuilles d'or ou d'argent et que vous versiez de ce mercure là-dessus, il s'en fait une chaleur notable, ce qu'il ne faisait pas auparavant. Cette terrestréité qu'on en a séparé autant qu'il à été possible était comme superflue

dans mercure, mais toutes les parties qui contiennent un sel
avec une terre qui sont toujours ensemble dans le composé
ne s'en laisse pas entièrement séparer, or quand on l'a privé
et dépouillé de ce superflu il devient seulement alors un véritable mercure.

CHAPITRE XIII

Préparation du sel alembroth ou de sapience.

PRENEZ un beau sel armoniac qui soit bien purifié, sublimez-le avec un vitriol bien déflegmé de son aquosité quatre parties de vitriol, et une partie de sel armoniac, réitérez la sublimation, jusqu'à trois fois avec nouvelles matières. Prenez ce sel armoniac sublimé avec partie égale de ,Y cristallin que j'ai écrit plus haut, faites-le liquéfier ensemble dans un verre, et quand il est refroidi, il le faut broyer dans un Mortier, de Verre, et le mettre dans un lieu froid ou à la caves et le laisser dissoudre en huile. Théophraste a fait un grand cas de cette eau ou huile, et moi-même je n'ai rien trouvé que cela qui fut capable de faire la séparation des parties de l'Or et le tirer de son Essence; Isaac Hollandais dit dans plusieurs endroits de ses écrits, parlant de l'Eau sèche des Philosophes, à savoir du sel armoniac que l'on ne saurait unir les principes sans ce sel, il dit, encore ailleurs que le Mercure est le prêtre qui marie le Corps avec l'esprit, c'est-à-dire l'or et le mercure sublimé dans l'opération etc.

CHAPITRE XIV

*S'il y a plus d'une matière hors de laquelle on puisse
préparer une Teinture.*

J E ne parle ici, que selon l'expérience et je veux nullement m'arrêter aux opinion des Auteurs, qui ont écrit
pour et contre, quoique je sois en état d'en citer un
bon nombre, qui non seulement soutiennent qu'il y a
plus d'une matière, hors de laquelle se peut préparer le secret
universel de différente manière, mais qui avouent mêmes clairement qu'ils savent plus de vint manières différentes de faire
l'Or, comme Apollinaire Basile Valentin etc., lorsqu'il dit :
qu'avant qu'il n'eut appris à connaître la véritable matière que
le Dieu Saturne avait eu la bonté de lui mettre en main, après
l'avoir consulté, il avait fait la teinture avec le soleil commun,
ce que bien d'autres confirment comme Philalèthe, Declaves,
Riplée, et quantité d'autres en disant, cette teinture est le plus
grand chef d'œuvre de notre Art, et la plus excellente de toutes celles qui sont fur la terre.

Il en a donc de plusieurs sortes ; un autre écrit que cette œuvre se peut faire de plusieurs matières, et il est très certain, que l'on peut la préparer hors des trois règnes, du règne animal, du végétable et minéral, car tel secret est un don de Dieu, dont il fait présent à qui il juge à propos, que la Providence ce fait voir si perceptiblement dans cette œuvre, quoique quelqu'un connaisse la véritable matière, et qu'il a même le véritable procédé à la main, le très haut lui lie tellement les mains, qu'il ne peut parvenir au but, qu'il se propose, il envoie pour cela une infinité d'empêchement, je connais moi-même une personne qui ayant une fois réussit à faire la teinture échoua plusieurs fois de suite voulant réitérer son opération.

J'écris seulement ce que mes yeux ont vu, ce que j'ai fait de mes propres mains, et ce que je suis en état de faire encore, et je préfère la réalité d'une chose à tous les principes, et à toutes les règles, fussent-elles les plus belles du monde.

Je dis donc et j'établis une fois pour toutes, qu'à certains égards, et prenant ma pensée comme il faut, qu'il y a plus d'une matière dans le monde, hors de laquelle on peut préparer une teinture, soit pour les métaux, soit pour le corps humain, quoique je ne veuille pas entrer en discussion, touchant le règne animal ou végétable, car quand je regarde l'or pour un autre métal que le fer, le plomb, le cuivre, ou l'étain, quand j'estime le soufre et l'antimoine être autre chose que le vitriol, je ne crois pas que personne me puisse contester, mais lorsque je considère tous les métaux et minéraux selon leurs principes et selon leur véritable essence, et tout ce que l'on peut en tirer pour en faire une teinture, être une seule et même chose, et que je n'en établis la différence que dans le plus ou le moins de fixité ou de coction. Il me semble que j'ai raison aussi je ne trouverai pas étrange que quelqu'un me contredise, parce que je fais la distinction, qu'il en faut donner, j'en ai déjà dit quelque chose, et j en dirai encore davantage à la suite.

Tournons-nous plutôt du côté de l'œuvre, par laquelle on peut réellement et véritablement tirer une teinture hors des métaux. Cette œuvre n'est pas un rêve d'un esprit démonté, et ne consiste pas dans des imaginations trompeuses, je l'ai éprouvé moi-même avec les métaux, et je l'ai trouvé réelle, et j'ose assurer en conscience, que celui qui l'entreprendra avec l'aide de Dieu, et qui saura faire les opérations, comme il faut, et qui n'y fera aucune faute, en viendra à bout, car en ce cas, je ne répons de rien, je commencerai donc pour raison à moi connue par la préparation de la teinture véritable au moyen de la Lune.

CHAPITRE XV

De la méthode de préparer la Teinture hors de l'argent
de coupelle pour faire projection sur la Lune même.

C E n' est pas sans des raisons très fortes que j'introduis la Lune, la première sur notre Théâtre Chimique, mais ce qui étonnera d'avantage quelqu'un, c'est que j'ajoute que cette teinture doit changer la Lune fine en Or.

Cependant je m'attache à l'expérience que j'en ai, je renvoie les incrédules à l'exécution du procédé, et ce qui est admirable, c'est que l'on ait pris la Lune qui est un corps mort par sa fusion (car les Philosophes conviennent tous que la fusion est la mort des métaux) que l'on ait pris la Lune, déjà pour en tirer le Mercure des Philosophes, qui n'est point un mercure coulant commun.

Car celui-ci est mort aussi, et il est compté entre les sept métaux, et pour en faire un esprit vivant par une méthode particulière, mais celui qui connaît avec Théophraste la destruction et la revivification des métaux, ne le trouvera pas

étrange, bien loin de là, il prendra occasion d'y penser mûre-
ment, et d'approfondir la matière : quoiqu'on ne puisse nier
que chaque Philosophe n'ait en une méthode particulière de
procéder, qui sort cependant du même fond, et qui à la fin
parvient au même but c'est-à-dire à la Teinture.

Car de même que dans un Château on peut ouvrir toutes
les sales, chambres et cabinets avec un passe partout, il en est
aussi de l'étude de l'Alchimie ou Art Hermétique véritable,
si quelqu'un est assez heureux, que de trouver un bon fondement de la vérité du quel il soit bien assuré dans la pratique,
il n'a ensuite aucune peine d'entendre et d'expliquer les écrits
des Philosophes selon lesquels il peut se régler dans d'autres
choses.

C'est ce que pourra expérimenter celui qui observera et
retiendra ce qui suit.

Procédé : faites tout entier dans le traité intitulé *alchemia
denudata*. Dissolvez une demi-livre de très fine lune dans une
livre de pur esprit de nitre, retirez votre esprit par distillation
jusqu'à ce que la Lune se fonde. Quand cela est fait versez
dessus une livre et demie d'un bon esprit d'urine avec son sel,
mettez-le ensuite à une douce chaleur modérée vingt quatre
heures et vous aurez une masse gluante couleur de sang qu'on
peut tourner à l'entour des doigts. L'on peut faire par Art et
à l'aide du temps de cette matière le plus beau sublimé du
monde, si bien qu'il est égale à l'or.

Oui je puis assurer dans ma conscience que par cette manière et autres je l'ai amené par la sublimation au point qu'il
tombait une petite partie de ce sublimé sur l'argent qui était

dans le fond, et qui était fondu comme une liqueur cornue, il devenait or pur, à savoir autant qu'il en avait touché ; faut de la patience et du travail, mais il faut qu'un apprenti se garde vouloir l'entreprendre, si vous précipitez l'argent avec un beau sel blanc et que vous le sublimiez avec la moitié de beau sel armoniac vous verrez, et vous expérimenterez ce qui est caché dans la Lune.

Si les verres ne se cassent pas, il y a quantité de personnes qui feraient des choses très utiles mais quant à moi je me sert à tels usages de vase de pierre de Chatelet ou de Walbourg, l'on peut faire une teinture rouge de ce sublimé au moyen d'un bon esprit de vin rectifié qui certainement fait des effets admirables dans la Médecine, j'en peux rendre témoignage, que dans le sel, nu de l'argent, comme on l'appelle.

Hélas, les cristaux de lune dissout l'esprit de vin, ou dans le vinaigre de vin distillé, j'en fais un pour ma part dont le poids d'un grain fait un tel effet, que j'en suis surpris et je peux touchant ce point ajouter foi à Agricola, à Angelo Sala et autres, surtout au premier.

Je veux vous donner encore une autre expérience. Prenez une demi-livre de fine lune, faites-la dissoudre dans un net esprit de nitre, versez ensuite dans cette solution de l'eau Royale, jusqu'à ce qu'il ne se précipite plus de chaux de lune, édulcorez ensuite cette chaux avec de l'eau tiède et la séchez, puis la broyer subtilement dans un mortier de verre, mettez-la dans un baril de terre bien fermé, en digestion à un feu médiocre pendant 25 à 26 jours et nuits, et pourvu que vous attrapiez le degré du feu, cette chaux subtile ou lune cornue s'enflera comme une pâte, ou comme une écume légère en sorte qu'il semblera qu'il y en a une fois d'avantage, et cela ne réussi pas toujours.

Vous mettrez ensuite cette lune enflée avec la moitié autant de beau sel armoniac, et la mettrez dans un vase qui ait un chapiteau que vous placerez dans le sable, vous lui donnerez d'abord un feu de digestion pendant 24 heures et ensuite un feu de sublimation, jusqu'à ce qu'il ne monte plus rien, et le soufre ou âme de la lune montera quelque fois jaune, et souvent toute blanche de telle sorte que si vous n'éprouvez pas le sel armoniac en le faisant fondre dans l'eau, vous ne vous apercevrez pas seulement que rien ait accompagné le sel armoniac, cependant tandis que dure la sublimation si l'on venait à bouger le vase un peu rudement en sorte qu'il retombât un peu de ce sublimé sur la lune cornue qui est en fusion dans le vase, (car il faut savoir que pendant cette opération elle est dans une fusion continuelle comme de l'eau) ce sublimé la teint de la plus belle couleur d'or qui se puisse imaginer et cela en un moment, de manière que l'on voit à l'oeil parties de la lune qu'a touché le sublimé, et dans la réduction de cette lune on sépare autant de fin or que ce soufre teignant de lune, quoique encore cru a touché des parties. Gardez ensuite le sublimé jusqu'à ce qu'en ayez une assez bonne quantité car une sublimation n'en donne que fort peu, c'est pourquoi il faut en amasser par cohobations, réitérées, ou en employant d'autre lune. Versez hors de l'eau forte commune là-dessus, qui deviendra une eau Royale à raison du sel armoniac. On ne peut positivement dire combien il faut d'eau forte, parce qu'il faut la proportion suffisante pour une juste solution, et pas davantage après quoi vous distillerez douze à quinze fois l'eau Royale arrière de la solution. Il faut pourtant prendre garde de ne jamais faire passer entièrement par l'alambic : mais chaque fois la distiller jusqu'à consistance d'huile, de cette manière le sel armoniac passera avec l'eau forte et l'âme de la lune restera au fond du vase comme une véritable huile d'or tant pour la vertu que pour la couleur, encore que cette âme fut montée blanche avec le sel armoniac dans la sublimation.

Gardez cette huile pour l'usage ultérieur, si votre opération à réussi comme il faut la lune cornue ne sera plus en masse compacte au fond du vase, mais elle sera légère à peu près comme la pierre ponce, on la réverbère ensuite fort doucement, et puis on verse dessus du bon vinaigre de vin distillé et l'on en extrait le sel mercurial de la lune qui à présent est un sel ou un mercure vif, et il faut faire cette opération si souvent avec du nouveau vinaigre distillé jusqu'à ce qu'elle ne donne plus de sel, mais qu'il ne reste plus que les fèces, que s'il arrive que le vinaigre ne puisse pas l'attaquer comme il faut, il faut réverbérer le corps mort de la lune fort légèrement, et le vinaigre en viendra plus aisément à bout.

Après cela vous verserez ensemble toutes vos extractions et en distillerez le vinaigre jusqu'au tiers placés le reste dans un endroit froid, et le laissez cristalliser, et ce qui ne sera pas cristallisé, on en distille encore l'humidité jusqu'à consistance d'huile, et on le laisse encore cristalliser ce que l'on réitère jusqu'à ce qu'il ne se dépose plus des cristaux.

On dissout ensuite tous les cristaux une ou deux fois, et même davantage dans du pur esprit de vin jusqu'à ce qu'il ne se dépose plus des fèces. Alors vos cristaux seront purs subtils, et assez préparés. Après cela vous ferez fondre vos cristaux sur un feu doux dans une petite cucurbite basse bien lutée, versez y goutte à goutte votre huile de soufre de la lune, laissez-en doucement évaporer l'humidité ensuite après avoir bien remué cette masse avec un bâton, faites-la passer par les degrés de feu, et le premier jour au premier degré de feu se montrera la queue de paon, le jour après se montrera la blancheur et la plus grande blancheur, le troisième jour au troisième degré de feu la couleur jaune rougeâtre paraîtra, et même la couleur très rouge, et la teinture sera prête, et on peut même la faire dans un creuset sans qu'il soit besoin d'user de verre.

Et voilà la voie la plus courte des Sages, parce qu'il n'y a rien ici d'extraordinairement volatil, aussi l'huile seule perce sans addition de son sel, et sans la moindre fixation étant versé sur de la lune cornue commune, si on la fait fondre dans une petite retorte pendant une demi-heure ou une heure entière cette lune se trouvera teinte en grande partie à proportion de sa vertu et force intérieure de l'huile, ce qui serait incroyable si la réduction n'en montrai incontestablement la réalité.

Mais ce qui est encore plus incroyable et plus admirable c'est que la teinture préparée et dûment réunie avec son sel fixe ne change pas seulement un peu de cuivre, de plomb, d'étain, ou mercure, mais elle change l'argent commun, le cuivre, le plomb l'étain, et le mercure, en or qui souffre toutes les preuves de l'Empire et cela douze parties pour la première

fois. Mais lorsque vous mêlez cette teinture avec de la nouvelle matière, c'est-à-dire trois parties de fixe et deux parties
de matière non préparée et que vous la faites de nouveau passer par les couleurs et qu'ensuite vous la faites dissoudre plusieurs fois passer dans un Bain de vapeurs, ou dans le ventre
de cheval, en coagulant toujours, elle augmente tellement en
force et en vertu quelle fait projection sur mille et au-delà
encore.

Voila le procédé entier que j'ai fait de mes mains, et dont
je puis affirmer la vérité dans ma conscience, il faut pourtant
que je vous avertisse de l'inconvénient qu'on a à craindre de ne
pas trouver aisément des verres qui puissent soutenir la lune
cornue dans la sublimation : car elle les perce fort souvent,
sans quoi il n'y aurait pas dans l'univers une teinture plus certaine, plus courte, et plus facile que celle-ci, puisque, comme
j'ai dis plus haut, que le seul soufre de la Lune étant dégagée
de son corps mercuriel sans aucune fixation préalable teint
déjà la lune cornue en or, quoique pas en fort grande quantité,
j'en parlerai encore ou je vous avertirai d'une chose.

Il faut pourtant remarquer ici que le soufre de la lune qui
est monté dans la sublimation, qui auparavant n'était autre
chose que la lune même, qui étant toujours auprès de son
corps, ne pouvait se dissoudre que dans l'eau forte, ne se dissout plus à présent dans l'eau forte, mais seulement par l'eau
Royale qui est le menstrue de l'or, que quelqu'un donc ait la
bonté de m'expliquer les raisons de ce phénomène, savoir si
le soufre a été mûri dans la cornification par le sel qui était
resté auprès de lui au moyen de la digestion, ou si cela pro-

vient peut être du sel armoniac qui a entraîné ce soufre avec lui dans la sublimation, ou si c'est seulement parce que le dedans de la lune est tourné en dehors, et qu'elle est spiritualisée, car je n'ai pas besoin de décrire, combien la lune cornue est volatile parce qu'il n'y a pas de Chimiste qui ne la sache, et surtout ceux qui ne sont pas bien au fait de la méthode de la remettre en corps en peuvent parler savamment, lorsqu'ils veulent la refondre dans le feu ouvert sans talc, ou potasse ou de la graisse, ce qui n'arrive pourtant pas dans un vase fermé telle qu'une retorte.

Mais d'abord qu'elle vient en fonte elle perce plutôt les verres que de monter en fleurs, ou elle passe comme du beurre, quoique par une certaine manipulation on puisse en venir à bout et que celui qui la sais soit assuré de gagner du pain pour toute sa vie et d'augmenter considérablement son capital, parce que cette lune spirituelle ou sublimée jointe avec l'or exalté et rendu très fusible et volatil produit en très peu de temps, une riche augmentation, dont il n'est pourtant pas question ici. Je vous prie seulement de remarquer que cette lune spirituelle ne monte point dans des vaisseaux fermés, le mercure des Philosophes ne veut nullement se sublimer aussi, lorsque tout est fermé et luté fortement comme je dirai plus bas, pour voir si on apprendra à se passer des raisons, c'est quelque chose remarquable aussi que dans la lune commune le soufre monte le premier, et que le corps mercuriel reste en arrière, au lieu que dans la mine d'argent c'est le mercure qui monte, et la partie sulfureuse reste en arrière ; delà il arrive que l'Artiste trouve une grande différence en travaillant sur la mine, et sur un métal fondu, et si cet homme n'en pénètre pas la véritable raison, et qu'il veuille traiter ces matières indifféremment par la même méthode de procéder, je suis bien certain qu'il n'en retirera que de la confusion.

Dans le deuxième procédé de la Lune il faut remarquer premièrement la raison pourquoi on digère la Lune cornue pendant 25 à 26 jours et nuits, dans une cruche ou baril de terre, à un feu médiocre, c'est pour lui ôter sa trop grande fusibilité, ce qui ne manque pas d'arriver lorsque l'on, est assez habile pour attraper le degré de feu convenable, et qu'elle s'enfle comme une pâte ou comme l'amidon, secondement il est connu et notoire en Chimie que lorsqu'on fond un sel commun ou autre par le feu, ils n'ont plus aucun esprit, de même la lune cornue ne donne plus aucun sublimé.

C'est pourquoi, c'est par des cohobations réitérées ou par une quantité de marcs d'argent qu'il faut parvenir à avoir une quantité, un peu remarquable de ce sublimé, ce qui est non seulement ennuyeux mais bien dispendieux.

Troisièmement ce qui nuit beaucoup, dans cet œuvre, c'est que la lune ne donne pas un véritable sel comme quand le résidu est enflé et léger comme la pierre ponce.

Comme c'est un coup de partie pour celui qui sait donner un tel degré de feu. NB. Que la lune cornue ne soit pas en fusion car, elle ne ronge alors plus les verres ni les vases, de même, c'est un avantage considérable de mêler la lune cornue avec poids égale de talc et son demi poids de sel armoniac bien purifié, vous obtiendrez par ce moyen un beau et copieux sublimé. Le sel se trouve par le moyen du vinaigre de vin distillé, comme j'ai dit plus haut et par ce moyen vous viendrez au but et au souhait de vos désirs.

Il est à remarquer, que cette partie de lune est appelée par quelques-uns uns *soufre de lune*. J'ai néanmoins trouvé à propos de l'appeler ainsi selon l'opinion commune, à raison de sa couleur, quoiqu'il en soit cette partie volatile n'est réellement rien autre chose que toute la partie de l'argent avec ses trois principes en forme très subtile de même que le résidu que j'appelle le sel est toute la partie de la lune, dans une forme plus grossière, celui qui parle, écrit, ou enseigne autrement, n'est pas un Philosophe.

Au reste que l'on appelle cette partie volatile comme on voudra, pourvu qu'on l'amène au point qu'elle doit être, et qu'on obtienne avec moi les effets que l'on peut espérer, et que trouvera infailliblement quiconque travaillera comme il faut.

Après cela j'ose assurer que le sel de lune dont j'ai parlé plus haut, fait réellement et infailliblement les effets dans la coagulation du Mercure, car par l'expérience suivante on peut voir ce que la lune encore crue et seulement en quelque manière détruite, peut opérer.

Faites dissoudre de la lune dans l'esprit de nitre, retirez l'esprit de nitre par distillation à une chaleur douce jusqu'à consistance de sel, dissolvez-la encore différente fois avec un bon esprit de vinaigre de vin distillé, que vous réitérerez toujours. Procédez ensuite de même avec l'esprit de vin, mais la dernière fois vous laisserez le sel de la lune avec l'esprit de vin sans l'abstraire.

Versez de cet esprit de vin goutte à goutte sans violence sur du Mercure vif et il le fixe dans un moment en argent fin, et qu'on ne dise pas qu'on ne trouve pas d'avantage de lune qu'il n'y en avait dans l'esprit de vin, car lorsqu'on en fait l'épreuve et que l'on observe bien ses poids, on trouve certainement une augmentation qui convaincrait les plus incrédules, et l'on ne saurait attribuer la cause de cette transmutation qu'à la force pénétrante de la lune.

Il en arrive autant avec l'or lequel étant dissout dans l'eau Royale, si vous ajoutez du mercure sublimé ana et en retirez l'eau à consistance de sel, que l'on dissolve cette matière, avec vinaigre distillé, filtrez et coagulez de nouveau à la même consistance, qui devient dis-je fusible comme la cire, et qui entre dans la lune de l'épaisseur d'un écu et la change en or, pourvu qu'on rougisse la lune sans fondre, car c'est une belle curiosité, surtout lorsqu'on met cette matière dans le fond d'un creuset et au-dessus une pièce de monnaie d'argent, pourvu qu'elle soit un bon doigt élevée au-dessus de la matière qu'elle ne doit pas toucher mais seulement couvrir, que l'on met un creuset renversé sur l'autre et bien luter le tout, afin qu'il ne puisse s'y fourrer ni cendres, ni charbons, et qu'ensuite on met ce creuset dans un feu de roue en approchant toujours le feu peu à peu jusqu'à ce que le creuset rougisse, la pièce de monnaie sera tellement pénétrée de l'or volatil qui monta en fumée qu'elle sera teinte en or sans le moindre changement dans son coin ni dans sa figure extérieure et cela aussi bien du côté que de l'autre et même intérieurement pour la plus glande partie.

Certainement si celui qui veut gagner de quoi vivre enten-
dait à fond cette opération, il pourrait la faire sans beaucoup
de frais, le profit qu'il y a faire se voit dans le Gluckshasen de
Becker.

Premièrement il faut que je commence à vous montrer
comme se fait véritablement la destruction de toutes choses
et principalement des minéraux et métaux, qui sont composés de trois choses ou principes, savoir de sel, soufre et de
mercure et selon la proportion avec laquelle la Nature les as-
semblent, ils présentent un corps plus ou moins parfait, et
enfin ils se résolvent tous dans ces trois principes, lorsque l'artifice de l'Artiste ou même l'action de la matière universelle
peut faire entrer dans le mixte un poids plus ou moins fort
de l'un ou de l'autre, de ces principes, au contraire un corps
demeure d'autant plus longtemps dans son essence ou façon
d'être, et l'esprit universel de l'air le conserve d'autant plus
que ce corps retient la proportion du premier assemblement
de ses parties.

Lors donc que l'on dissolve le corps de la lune dans l'eau
forte, on ne saurait nier que toutes les parties de la lune ne
soient ouvertes, mais cela ne nuit nullement à la lune ni à
aucune de ses parties, car si vous en retirez l'eau forte ou que
vous précipitiez la lune par l'eau et le cuivre vous pouvez la
remettre en corps comme elle était auparavant sans autre
mystère que de la fondre.

Mais lorsque dans la solution de la lune dans l'eau forte, je jette de l'eau Royale ou de l'eau salée, ou ce qui est
le meilleur, une certaine quantité d'huile de vitriol, l'esprit

sulfureux du vitriol, comme parent de toutes choses métalliques, s'insinue dans les parties ouvertes de la Lune, et s'unit avec la partie sulfureuse de la lune comme à son semblable, d'où il arrive que la proportion intérieure des principes étant changée, il faut qu'il en résulte une altération, dans l'essence de la lune, quand même j'y ajouterais un mercure coulant, il ne saurait pénétrer dans l'intérieur de la lune, comme l'huile de vitriol, l'eau Royale ou l'eau de sel, parce qu'il n'est pas un esprit, mais il est trop coulant. Lorsque dans la distillation qui s'ensuit, il peut emporter en se sublimant une petite partie du soufre de la lune exaltée et augmentée en poids par le soufre vitriolique, et délivrer ainsi la partie mercurielle dans la lune d'une totale destruction.

Basile décrit cette opération fort subtilement lorsqu'il dit que de cette manière un escrimeur chasse l'autre de son fort, et bien que ces paroles paraissent peu de chose c'est pourtant le fondement de tout l'Art hermétique si ce n'est pas l'Art tout entier et c'est là le grand serment qu'ont fait tous les Adeptes de ne révéler ce Secret à personne d'indigne.

Quoique ce ne soit pas proprement ce que j'enseigne ici, il suffit quand je dis que dans la solution de l'or Philosophal, il faut pratiquer ces paroles sans détour, et sans omission avec toute la diligence possible et avec toute l'expérience et l'adresse dont on est capable, car ce n'est pas sur des lectures et des ouïs dire que j'avance ce que je dis, c'est sur mon propre savoir.

Dieu veuille illuminer ceux qui en sont dignes afin que par une profonde méditation ils puissent approfondira le son

caché de ces paroles, comme donc ce menstrue fait infailliblement son effet au moyen de l'huile de vitriol qui rend tous
les métaux cornus, et peut même faire infiniment d'avantage
par une autre méthode plus cachée ; de même un véritable
esprit de mercure fait le sien en emportant le mercure, et à
la place d'une terre un sel de tartre spiritualisé, préparé, sans
addition d'aucun autre volatil, fait d'autres merveilles encore
dans les métaux et minéraux, mais il n'est pas permis d'en
parler ici. Je dirai seulement que bien que cet œuvre se fasse
au moyen des corrosifs, il n'est pourtant pas contraire à la
nature, au contraire il lui est entièrement conforme, car de
même que l'esprit universel coule par tout le monde, nourrit
et entretient toutes les créatures, de même il ravage et détruit
toutes choses lorsque la proportion de l'esprit universel du
sel vient à s'altérer, soit par des causes extérieures, soit par des
mouvements intérieurs.

L'esprit universel de l'air résout l'esprit du sel du corps
ni plus ni moins que l'eau fond le sel naturel, alors un corps
tombe en pièces, et en lambeaux et il est sans force et sans
vertu, à l'exception que ces trois principes étant ainsi séparés et ensuite rejoints par l'Art de l'Artiste, ils peuvent devenir une chose incomparablement plus noble et plus parfaite
qu'ils n'étaient possible avant cette destruction.

En second lieu je démontre, que ce ne sont point ici des
sels concentrés qui montent et qui colorent le mercure, comme un très savant homme s'est imaginé, car prenez de la lune,
le cuivre, l'étain, ou le fer dissolvez-les en eau forte, faites abstraction du menstrue tant de fois qu'il plaira, afin que les sels

se fixent et se concentrent mieux, jetez-y alors du vif-argent, distillez et sublimez ensuite, je vous garantis que vous n'aurez qu'un mercure sublimé commun, au lieu que par ma manière, par une solution simple et au moyen du menstrue cornifiant que j'y verse, et par une seule abstraction, ce que j'ai dit arrivera, sans digestion préalable ni concentration des sels.

D'ou l'on voit en troisième lieu, que tout l'Art consiste simplement dans la disjonction des principes métalliques, et dans la spiritualisation du métal ce qui se fait pour ainsi dire en un moment, et point du tout dans la concentration des sels.

En quatrième lieu, si c'était effectivement les sels, qui fussent la cause de cet effet, le sublimé rouge ne manquerait pas d'en avoir le goût, ce qui n'est pas étant sans goût, de même qu'un cinabre de soufre commun.

En cinquième lieu, le sublimé serait friable à raison des sels quelques concentrés qu'ils fussent, cela se voit dans le sublimé commun, celui-ci au contraire est si ferme et solide que bien souvent on le peut couper comme du plomb, et que l'on a bien de la peine à le détacher du verre sans perte.

En sixième lieu, si ce sublimé consistait en sels concentrés où non, il se dissoudrait dans l'eau comme le sublimé commun, ce qui n'arrive pas.

En Septième lieu, l'on s'aperçoit enfin que le métal diminue en poids et en volume.

En huitième lieu, l'on trouve avec le temps que le métal est tellement détruit que l'on ne saurait plus le réduire en corps métallique, quoique cependant un métal se détruise plus promptement qu'un autre.

En neuvième lieu, ce soufre que l'on sépare du mercure par une certaine méthode, en sorte que l'on récupère le mercure dans tout son poids, et ce qui reste demeure soufre quoi qu'il ne brûle pas, comme le soufre commun, il a cependant cela de commun avec lui, qu'il ne se dissout en l'eau non plus que lui, si c'était du sel concentré, il s'y dissoudrait infailliblement.

En dixième lieu, quoique j'en sépare nettement le mercure, il devient si auré par l'usage réitéré qu'en le faisant évaporer dans une cuillère d'argent il la dore subtilement, et d'une dorure si belle qu'il n'y a pas de méthode ni plus prompte ni meilleure, surtout si j'ai pris vénus pour matière. Je laisse à juger si les sels concentrés en font autant.

En onzième lieu, ce soufre teint sur-le-champ l'argent en or quoique cru et encore corporel il n'en puisse pas teindre d'avantage que son poids aussi étant porté dans l'or par le sublimé de mercure, il l'exalte en couleur et en poids et donne encore plus de profit, et enfin étant réduit en huile, que ni chaleur, ni froidure ne congèle, il teindra plusieurs parties en or fin.

En douzième lieu, si quelqu'un voulait m'objecter que les sels à l'aide du mercure emportent quelque chose du métal dans la sublimation ce qui est plutôt, dira-t-on un métal spiritualisé, qu'un soufre métallique ce qui est d'autant plus croyable que la couleur du métal le trahit, par exemple si l'on traite par la vénus, elle fera voir du vert dans un lieu humide, eh bien, soit qu'il sépare ce corps du mercure et qu'il le réduise en corps métallique car s'il l'est véritablement, qu'il soit si subtile qu'on voudra on doit pouvoir le remettre en corps, mais si dans la réduction il ne trouve comme moi qu'une âme, qu'un soufre ou qu'un métal retourné, ou la teinture d'un métal, j'espère qu'il voudra rendre justice à la vérité.

En treizième lieu, il n'y a personne qui ne sache que si j'amalgame du mercure avec la lune, il n'est rien de plus facile et aisé que d'en séparer le mercure. Mais que quelqu'un au lieu de la lune entreprenne cette opération avec le plomb et qu'il tache d'en séparer alors le mercure, je vous assure que l'âme du saturne lie tellement le mercure qu'il n'est presque pas de moyen de l'en séparer, qui, plus fortement qu'aucun soufre métallique.

Il n'y a pas longtemps que je brisai jusqu'à trois verres avant de pouvoir lui arracher un peu de mercure, or je demande si les sels concentrés ou le métal spiritualisé est retourné ou le corps cru, ou si c'est l'âme du métal qui fait un pareil effet, c'est pourquoi je prie que l'on veuille répondre catégoriquement selon l'expérience, pour moi je tiens que ce mercure imprégné de l'âme de saturne est très facile à fixer en argent ou en or, qui plus facile que par le procédé avec le mercure précipité, car j'ai pour cela des raisons convaincantes.

En quatorzième lieu, un ami me proposa un jour ce doute : savoir que je ne tirais de la teinture de la lune qu'autant qu'elle contenait d'or corporel, il croyait même qu'outre cela il y avait quelque chose de demi-spirituel que l'on ne pouvait séparer par la méthode commune, enfin que s'était l'une ou l'autre de ces deux choses, et qu'elle que ce fut des deux, que mon Art serait bientôt à bout. Pour moi j'ai trouvé cette objection d'autant plus simple que j'ai toujours recommandé de prendre de la lune pure, qui ne contient aucun or, outre que l'on sais que l'or corporel monte très difficilement, et si ce n'est que le soufre, il faut que l'on avoue, qu'il sera en bien petite quantité, et si ce n'était que ce peu d'or spirituel qu'on dit être dans la lune, d'où vient donc qu'après l'extraction entière le corps de la lune se trouve tellement désanimé ou détruit, que l'on ne peut plus le remettre en corps,

Celui qui lu qu'un métal ne peut pas donner davantage qu'il ne contient, ce qui à certains égards est véritable, lira aussi s'il lui plaît que les Philosophes ont écrit que le meilleur de tous les soufres est le soufre métallique. Item que tous les métaux sont intérieurement or, et qu'on peut le produire au de hors en tournant le dedans du métal au dehors, et que la nature l'aurait décuit elle-même si son action n'avait été empêchée par des causes étrangères. Or les Philosophes ne disent pas qu'il y a un peu d'or volatil, mais ils disent que les métaux sont or dans leur intérieur, celui qui ne veut pas le croire qu'il prenne.

En quinzième lieu, tel métal qu'il voudra, qu'il le dissolve dans son menstrue convenable, et lorsqu'il sera bien dissout, qu'il jette dans la dissolution le demi poids du métal dissout, d'huile de vitriol. Qu'il distille ensuite sans adition du mercure toute humidité, qu'il donne alors feu de sublimation jusqu'à ce qu'il ne monte plus rien ni aucune fleurs, et lorsque tout le corrosif sera monté, il verra monter des belles gouttes métalliques fort pesantes avant que les fleurs ne montent, et s'il ôte le verre et qu'il laisse les fleurs peu de temps à l'air il apercevra qu'elles l'attirent et qu'elles se résolvent en liqueur.

Faites-y attention et tachez, de trouver la raison de ce phénomène, remarquez aussi avec diligence la couleur qu'aura la liqueur dans laquelle ces fleurs ont été résoutes, en un mot, comme en cent, je vous dis et vous déclare que celui qui approfondit bien ce travail et les sels fixe ou admirables de Glauber et qui pénètre la raison pourquoi il arrive que lorsque je dissous une livre de sel commun dans l'eau commune et que j'y verse une livre d'huile de vitriol, d'où vient dis-je, lorsque je le distille par une retorte de verre bien lutée qu'il n'en sort point un esprit, ou une huile de vitriol mais seulement un bon esprit de sel? Ou si je dissous du nitre au lieu de sel commun d'où vient qu'il en sort un esprit de nitre, si d'ailleurs il examine à fond ce qui reste auprès de la terre du sel dans la retorte, et comme tout cela se fait, non seulement il trouvera les véritables raisons et fondements de mes œuvres, mais la véritable préparation du mercure philosophique et la véritable destruction de sa matière ne lui sera pas cachée moyennant la grâce du Tout puissant.

Car par ce moyen il trouvera comme une chose se sépare en soufre et en mercure, et comme ce soufre et ce mercure peuvent s'unir, comme tout se rectifie et devient une chose plus que parfaite et cela arec toutes ses raisons et circonstance. Je me flatte donc d'avoir suffisamment résout ces doutes, et j'ai mieux aimé de et faire par écrit que par paroles, afin que ces Messieurs puissent examiner mes raisonnements à fond, et les retenir, car la voix passe et l'écriture reste.

D'ailleurs la démonstration oculaire et le travail doivent convaincre tous les incrédules, mais pour ceux qui m'ont objecté que les soufres que je tire des moindres métaux, quelque bien purifiés qu'ils puissent être donnent véritablement une teinture à la lune, mais pour cela ils ne la changent point en or, capables de souffrir les épreuves, je ne les regarde pas comme dignes de réponse, car leur propre objection ne fait que trop voir que ce sont des gens qui n'ont jamais travaillé, et qui n'y entendent rien du tout.

Quant à moi je reste attaché à mon expérience jusqu'à ce qu'un plus habile homme que moi me fasse voir que je m'abuse, non point par des discours théoriques, mais fondés en pratique, car mépriser et blâmer les productions d'autrui, il n'est rien de plus aisé, mais démontrer une chose par les effets et dans la vérité! *hoc opus hic labor* est, par mes expériences je ne cherche pas une vaine gloire, je ne cherche pas du profit non plus, sans quoi je ne l'aurais pas donné gratis au public.

Je n'ai d'autre vue que d'être utile mon prochain comme Dieu l'ordonne dans ses Lois, je n'ai aussi aucune intention de précipiter mon prochain dans des grandes et inutiles dépenses, si vous voulez mêmes n'y employer pas la Lune, vous pouvez y réussir également avec saturne et vous convaincre de la vérité en peu de temps.

Je me flatte donc qu'on me rendra justice de croire que ce n'est pas en vue d'escroquer mon prochain et en tirer du profit que j'ai pris le dessein de donner mes expériences au public, mais plutôt que sous ce masque il y a quelque chose de plus importante que l'on s'aurait s'imaginer et plus que je ne sais encore moi-même, mais j'espère d'en venir à bout si Dieu me prête la vie.

Je veux vous enseigner ce que Dieu et la Nature m'ont découvert en effet et dans la vérité, de la mine d'argent, et du bismuth, je ne m'en rapporterai qu'à ma propre expérience, sur laquelle seule je puis faire fond que ceux qui tâchent d'établir la négative me regardent là-dessus d'un bon ou d'un mauvais oeil. Cela m'est très indifférent, je laisse à chacun la liberté de penser ou d'écrire ce qu'il pense, j'espère qu'on voudra bien avoir la même politesse à mon égard.

Je passe donc à l'œuvre même et je dis que dans la mine d'argent, que l'on appelle en Allemand Rothgulden Ertz, c'est une matière où quantité de personnes ont travaillé, les uns avec profit, les autres avec grande perte. Mais sans vouloir relever ce dernier article, je dirai pourtant que c'est une matière dans laquelle on peut trouver la vérité, car comme la bénédiction de Dieu et la longue expérience dans les manipulations font le parfait Philosophe, ainsi lorsqu'un homme ignorant qui peut être à dans le cœur des vues criminelles, que Dieu scrutateur des cœurs ne voit que trop et qui sans sa bénédiction qui est cependant le point essentiel, met la main à l'œuvre, lors dis-je qu'un tel homme ne vient pas au but qu'il s'était proposé, cela ne doit nullement nuire à l'Art, ni le rendre suspecte.

La Rothgulden Ertz est estimée pour la meilleure mine d'argent avec une autre que l'on nomme glatz Ertz, c'est pourquoi par rapport qu'il se trouve dans cette mine par-ci

par-là de l'argent natif pur, et que sans cela le *primum ens* de
la lune s'y trouve et peut en être fort bien tiré et qu'autant
qu'il y a de ce *primum ens* ou premier être de la lune dans la
mine, autant il en monte par la sublimation philosophique,
et le reste de ce premier être qui est déjà venu à maturité, et
est demeuré argent pur. Autrement c'est une matière que cette mine de laquelle on peut dire que l'on peut certainement
en extraire la Teinture.

Il y en a même qui poussent la chose si avant que de
prétendre avec Basile que c'est la matière la plus universelle
de la Pierre des Sages et qu'il en a déguisé le nom lorsqu'il
dit dans un endroit, prenez au nom de Dieu la mine rouge
de mercure et la meilleure mine d'or etc., ils prétendent qu'il
dit assez clairement que c'est le Rothgulden Ertz. Cependant
ce ne l'est pas, quoiqu'il soit véritable que du Rothgulden
Ertz on peut tirer par une douce digestion et sublimation un
véritable mercure philosophique, mais il y a plusieurs manipulations qui y sont requise et surtout il ne réussit nullement
dans des vases bien lutés, mais seulement, lorsque le bec du
chapiteau entre dans le récipient sans être luté. C'est alors
qu'il commence à se faire voir, et une livre de cette mine en
donne vraiment plus de six dragme ou une once tout au plus,
et quelque fois même seulement une demi-once de ce mercure, n'importe, bien que cette mine soit assez précieuse on
peu pourtant en avoir en grande quantité en payant, et l'on
en peut faire un profit ultérieur.

Par exemple, lorsque par cette méthode on en a la sublimé le mercure philosophique et qu'ensuite on en a extrait

l'âme ou le soufre avec le vinaigre de vin distillé, on brûle le résidu, et on le réduit en corps selon l'Art et l'on en tire deux ou trois dragme d'argent fin, d'avantage que par la fonte ordinaire, c'est ce que doit opérer la digestion, réincrudant, cet esprit volatil dans la réduction, la raison en saute aux yeux, la livre de Rothgulden Ertz contient 20 à 22 demi-onces d'argent fin, et l'on peut avoir cette mine en payant exactement ce qu'elle tend d'argent fin ainsi l'on ne perd rien.

Supposez que l'on ne voulût pas se servir de l'argent à moins que l'on ne voulut augmenter le mercure philosophique en quantité mais que l'on y cherchât seulement la partie volatile mercurielle et la partie fixe sulfureuse, quand on a deux ou trois livres de cette mine on en a autant qu'il en faut pour l'œuvre. Car aussitôt que l'on a deux ou trois onces de ce mercure, l'on en peut sublimer un quintal de lune entière, et la rendre en mercure philosophique, ou multiplier par-là le mercure philosophique à l'infini ce qui est surprenant et même incroyable à un homme qui n'est pas au fait de ces opérations. C'est cependant la pure vérité, et j'en raisonne par nu propre expérience, ce mercure monte premièrement comme un arsenic brouillé, mais lorsque vous le mettez dans une boite d'argent fin qui ferme exactement, que vous placez cette boite bien fermée dans une cucurbite avec un chapiteau et que vous donnés un feu de sublimation. Il perce au travers des pores de la lune, et il se sublime dans le chapiteau clair et transparent comme un cristal, et laisse la plus grande partie de l'argent de la boite irréductible.

Et c'est là la différence de ce mercure l'avec l'arsenic commun, pour lequel on le prendrait en entendant ce discours, de plus lorsque vous mettez deux onces de ce mercure avec une once de lune fine en limaille et que vous le digérés trois jours, non seulement ils se réduisent en putréfaction en 24 heures et deviennent noirs comme du charbon, mais ils se subliment ensemble aussi à quelques fèces près, et à la deuxième sublimation la lune n'est pas moins irréductible que le mercure même que vous lui avez ajouté.

Si vous prenez alors ces trois onces, et les mêlez avec trois lots nouvelle de lune fine en limaille, digérez-les et les sublimez comme auparavant et vous aurez 9 lots de mercure Philosophique avec lesquelles vous pouvez procéder jusqu'à ce que vous ayez de ce mercure autant que vous voudrez.

C'est ce que ne fait pas aussi l'arsenic commun, et il faut bien prendre garde que l'on ne confonde pas celui qui est bon avec le commun, et qu'on vient ainsi à le gâter, à cause que dans le Rothgulden Ertz il y aussi un peu d'arsenic commun, si quelqu'un était assez industrieux pour tirer un tel arsenic ou Mercure Philosophique hors de la mine de bismuth, ou de la mine pure de Cobolt, qui est plutôt une mine d'arsenic que de bismuth, qu'il put faire les mêmes effets, il pourrait parvenir à son but avec une matière qui est à bon prix, et aurait une œuvre si aisée, si précieuse, et pourtant qui coûterait si peu qu'il n'est pas croyable, car la mine de Cobolt ne se vend qu'une bagatelle, mais tout l'arsenic qui en sort n'est pas convenable.

Mais cette boite d'argent dont j'ai parlé plus haut fait la séparation du bon et du mauvais, c'est-à-dire de celui qui est déjà trop digéré et fixé par la nature, et elle contient plus de celui-ci que de celui qui est convenable et qui fait les effets sus mentionnés.

Mon cher Lecteur je m'ouvre d'avantage que je ne croyais le faire d'abord, et bien que le soufre convenable pour en imprégner, ensuite le mercure ne se trouve plus dans cette mine cependant on le peut tirer assez aisément de la mine de saturne, qui n'est pas plus précieux et que tout le monde connaît et en fait usage et profit, avec ce mercure, je nommerai aussi cette mine, car il n'est point dans la mine de bismuth comme dans la Rothgulden Ertz, quoique le véritable mercure ou plutôt le premier être ou la fleur de tous les métaux y soit en abondance.

Je dis plus, j'ose assurer que cette mine de bismuth surpasse en ce point toutes les autres mines métalliques et de même que l'arsenic commun empêche le notre dans son opération, de même celui-ci ne saurait vous conduire au but tant désiré sans le soufre pur qui est son apanage, et qui est dans le Rothgulden Ertz aussi.

Il est pourtant vrai que lorsque l'on a un peu de ce mercure on peut l'augmenter à l'infini avec le mercure commun au défaut d'autre mine de Cobolt, mais sans le soufre susdit il n'est pas possible de l'amener à une teinture constante, et profitable.

Au reste si l'on ne peut pas récupérer de cette mine, je ne crois pas que celui qui aura lu et observé avec attention

tout ce que j'ai dit antérieurement songera à l'emprunter des
métaux, je répète, que je fais des ouvertures, que des autres
ne feraient pas pour un millier d'écus, et pour donner des
preuves encore plus fortes de mon amour pour le prochain,
je veux faire ce que personne n'a jamais fait, et que peut être
aucun ne fera après moi.

C'est de vous montrer que j'ai mûrit la mine de Cobolt
de la même manière que j'ai dit plus haut du saturne avec une
lessive très forte des cendres du bois de hêtre, et chaux vive,
et sur la fin le sublimer etc., de plus je veux montrer par une
comparaison ou exemple sensible comme on peut imprégner
le mercure philosophique avec son propre soufre, et d'en faire
d'abord un sublimé rouge couleur de cinabre, mais obscure et
opaque, et enfin de couleur de rubis diaphane et transparent,
sans cela il n'y a rien à faire dans la Chimie. Car de même
que par le mercure philosophique avant d'être imprégné de
son soufre convenable, la lune est transmuée en un mercure
semblable, de même sans ce soufre et ce mercure, la lune ne
saurait être changée en teinture effective et permanente pour
changer tous les moindres métaux en argent, et c'est cette
teinture que l'on appelle un argent plus que parfait, et voilà
dans quoi tout l'Art consiste. Et bien que je sois en état de
l'expliquer avec bien d'autres circonstances et manipulations,
je dois pourtant faire en sorte que je ne jette pas les perles
devant les pourceaux, parce que dans les mines métalliques il
y a infiniment de plus grands mystères que dans les métaux
même, et que par une description trop exacte de leur préparation entière, la matière principale se donnerait à connaître

avec toute sa préparation, ce qui serait passer toutes les bornes de la discrétion.

Il doit suffire de voir que de toutes les matières l'on peut
tirer la même chose c'est-à-dire le mercure et le soufre, et que
presque toutes les matières requièrent à peu près la même
préparation. Il doit suffire aussi de savoir que ce procédé de
la mine d'argent ou Rothgulden Ertz est dans les mains de
quantité de gens, et que j'ai donné les assurances les plus fortes que la vérité était dans cette matière, il s'agit de prier Dieu
qu'il veuille ouvrir les yeux de votre entendement et répandre
sa bénédiction sur vos travaux, et vous ne tomberez pas dans
l'erreur, je viens donc à l'exemple que j'ai promis pour donner
une idée de la méthode dont il faut se servir pour imprégner
le mercure philosophique de son propre soufre.

CHAPITRE XVI

Voici l'expérience.

PRENEZ de l'arsenic commun une livre, antimoine cru ana, pilez bien les matières chacune à part, et les mêlez, vous les mettrez dans une retorte qui ait la gorge large et dégagée, placez-la dans le sable donnez-lui le feu par degrés et il montera d'abord une matière volatile qui ne vaut rien dans la gorge de la retorte. Mais la plus grande partie de l'arsenic se place au-dessus de l'antimoine, qui dans le fond de la retorte est fondu par la violence du feu, à cause qu'à la fin il faut donner pendant six on huit heures un des plus fort feu. Cet arsenic sera comme un coral rouge, parce qu'il a abandonné tout son corrosif et à la place il s'est rempli du soufre de l'antimoine, d'où l'arsenic qui autrement est volatil est devenu si fixe que la plus grande violence du feu ne peut le pousser plus haut qu'a la superficie de l'antimoine, sur lequel il nage comme l'huile nage sur l'eau.

C'est pourquoi après que vous avez laissé refroidir vos matières vous pouvez aisément les séparer de l'antimoine, quoique l'on aurait crû d'abord qu'ils devaient s'unir et faire une masse, à cause que l'on peut faire un régule martial avec l'arsenic aussi bien qu'avec l'antimoine. Quelque triviale que soit cette expérience, elle est pourtant d'une telle importance dans la Chimie que celui qui est prudent et qui cherche quelque chose d'utile ne doit pas se lasser de la méditer profondément, puisque l'on y peut voir comme dans un miroir l'union du soufre philosophique avec le mercure philosophique.

J'ajoute encore, que l'on y peut voir que notre mercure devient par cette union d'un effet bien plus considérable, que l'on ne peut apercevoir dans l'arsenic commun car il est notoire qu'avec l'arsenic commun il n'y a rien ou très peu de chose à faire. Mais prenez cet arsenic rouge, sublimez-le encore une couple de fois, parfois même pour le purifier d'avantage, fixez-le ensuite avec deux fois autant de salpêtre bien purifié, que l'on peut faire commodément dans une cucurbite afin de récupérer l'esprit de nitre, qui sans cela s'en irait perdu, détruisez avec le résidu du cuivre commun rouge car il détruit tellement le cuivre par une seule cémentation de seize heures, qu'il n'est plus possible de le réduire en corps. Il faut pourtant après la cémentation les fondre ensemble, et les tenir en fusion pendant une heure entière, cémentés ensuite une lune commune mais fine, seulement pendant sept on huit heures, enfin fondez et coupellez, et mettez à l'inquart et vous trouverez toujours du véritable or, ce que ni l'arsenic ni l'antimoine ne pouvaient faire chacun en particulier.

J'ose même dire que si quelqu'un entend bien ce travail, il n'a pas besoin de chercher un autre secret particulier, pourvu qu'il rendre seulement la lune un peu poreuse il y trouvera encore quelque chose de plus, c'est un beau particulier que celui là, puisque tout l'argent en demeure fixe, si l'embarras de coupeller et laminer la lune ne rendait ce travail ennuyeux.

J'ai dit que le *primum ens* ou mercure philosophique ne monte pas dans des vaisseaux clos, j'entends le *primum ens*, de cette mine, cela est fondé en raisons philosophiques, je toucherai seulement en passant comme quoi tous les corps métalliques sont plus pressés de l'air à raison de leurs corps compacts que ceux qui sont plus poreux, que les sels. Car je dis fort bien qu'un métal est plus compact que l'autre, et plus poreux, c'est pour cette raison qu'il faut plus de violence pour en faire monter les fleurs que pour les sels, comme on peut voir par l'antimoine et le plomb à coupelle. D'autres au contraire ne montent point du tout à moins que l'on ne leur ajoute quelque chose, qui les volatilise, et les entraîne avec elle tel que le sel d'urine, le sel armoniac, et ingrédients de pareille nature.

Or lorsque ces corps viennent dans un air entièrement clos, qui ne peut ni les presser ni les élever, ils demeurent dans la même situation, ainsi fait aussi ce mercure, qui est déjà en partie métallique, et il ne veut pas se séparer de ses parties déjà fixes, dans un air clos, mais aussitôt que l'on à bien luté le chapiteau de la cucurbite et que l'on laisse le récipient sans luter, alors il se laisse entraîner comme un corps à demi-spirituel, ces esprits cherchant toujours l'air, et le haut comme fait le feu et l'air, qui sont les deux éléments spirituels.

Au contraire les éléments corporels tels que la terre, et l'eau sont accoutumés de prendre le bas, selon la langue sainte les Cieux sont appelés Eaux, mais il ne faut nullement douter, que ces Eaux ne soient d'une autre nature que l'eau de la Mer, autrement il n'aurait pas été besoin de séparer les Eaux des Eaux. Il est vrai que l'on pourrait bien expliquer que telle était la volonté de Dieu, mais ici je raisonne à la portée de l'esprit humain, par rapport que les Philosophes par une espèce de similitude appellent, leur mercure le Ciel des Philosophes, Eau céleste etc., à cause de la plus grande partie de son aquosité aérienne et ignée. Mais je ne veux nullement m'aller enfourner dans cette Philosophie, il faut encore savoir que lorsque l'on a sublimé le mercure philosophique du Rothgulden Ertz, et que l'on verse sur le résidu un bon vinaigre de vin distillé et qu'on les met ensemble en digestion ce vinaigre en extrait un soufre rouge avec lequel nous mettons notre prétendu mercure philosophique, et le sublimons tant de fois par le soufre, qu'enfin il s'unit avec lui et devient rouge et transparent comme un grenat et cependant cette teinture telle qu'elle est ne change qu'en argent le Mercure, le cuivre, le plomb et l'étain, mais en voila bien assez.

CHAPITRE XVII

Comment se peut tirer une véritable teinture
hors du saturne et ce qu'il y faut observer.

I L est connu qu'on peu mûrir le plomb, car je pris une fois pendant l'hiver des lamines de plomb bien minces, sur lesquelles je versai une forte lessive de chaux vive et des cendres de bois de hêtre, je les mis sur le fourneau dans mon poêle, je les laissai un temps considérable dans cet état, et à proportion que la lessive s'évaporait, j'y versait toujours de la nouvelle, enfin lorsque je vis qu'il voulait se faire un dépôt du sel, je le laissai évaporer tout à fait.

Après cela j'y versai de l'eau chaude, et il commença à jeter une puanteur, comme si l'on avait précipité du soufre hors de la lessive, et il se déposa un peu de chaux noire, je versai en bas le tout au clair, et laissai les lamines et la chaux dans le vaisseau. Je répétai et réitérai cette opération presque pendant tout l'hiver jusqu'à ce que les lamines se brisassent et se disjoignissent d'elles-mêmes, j'édulcorai la chaux le mieux que je pu et je mis à part la plus subtile et la plus grossière, et je la traitai avec le sel de tartre et la limaille de fer, et j'eus un vif-argent d'une beauté merveilleuse.

Or dans cette œuvre une bonne partie du mercure c'est séparée, et vous ne sauriez réduire la moindre chose, de ce qui reste en métal, mais le temps doit apprendre ce que l'on peut faire avec ce mercure. Au reste le procédé pour parvenir à une teinture parfaite est exactement le même que celui de la lune, aussi pour éviter la prolixité je ne veux pas le répéter ici.

Pour conclusion de mon discours, sur la planète de saturne, je vous prie de vous souvenir de l'expérience que j'ai donnée en traitant de la lune ou j'ai dit de mêler la lune cornue, avec son demi-poids de talc et sel l'armoniac et les sublimer ensemble, et de vous souvenir aussi de l'effet qui en à été produit par l'expérience suivante, vous allez voir que la même chose arrive avec le saturne.

Dissolvez en eau forte faible une quantité de saturne, et versez-y de l'eau commune lorsqu'il sera bien dissout retirez-en l'aquosité par distillation jusqu'aux esprits, versez alors dans la dissolution successivement de l'esprit de sel, ou de l'eau de sel commun, jusqu'à ce qu'il ne se précipite plus de saturne, versez alors tout le corrosif par inclination arrière de la chaux blanche de saturne, et édulcorez cette chaux le mieux qu'il vous sera possible jusqu'à ce qu'elle n'ait plus aucun goût de sel.

Puis séchez-la bien, mêlez-la avec son demi-poids de pur sel armoniac, qui soit bien dépuré, il se sublimera bien mieux si vous y mêlez poids égal de talc, mêlez bien cette mixture, mêlez tout ensemble dans un vase sublimatoire, lutez-y un récipient, distillez d'abord à feu doux, et enfin à fort feu et violent, il montera un sublimé aussi beau que si c'était pur or, et encore beaucoup mieux, si vous avez mûrit le saturne comme j'ai enseigné plus haut, et derechef fondu, et mis en fine lamine.

Lorsqu'il ne montera plus rien laissez éteindre le feu, ramassez subtilement ce sublimé, si vous le mettez dans un lieu comme à la cave il se résoudrait en huile, mais gardez-le pour le fixer avec esprit de nitre, le distiller au bain-marie jusqu'a oléosité, cohobant deux jusqu'à trois fois même, à la troisième fois il vous restera une huile précieuse, qu'il faut rejoindre à son sel fixe.

Continuez votre opération, car vous n'aurez pas beaucoup de peine il tire l'autre partie du saturne, je veux dire son sel fixe d'autant que le talc est incombustible dans le feu, et non fusible, et qui reste spongieux et que le vinaigre n'attaque pas, versez donc dis-je du vinaigre de vin distillé sur le résidu, et le mettez au bain-marie à doux feu l'espace de 24 heures, versez le vinaigre arrière et prenez garde qu'il ne passe des fèces, continuez d'en remettre autant de fois qu'il n'y ait plus de sel. Cela étant fait, distillez le vinaigre par le bain, et le sel fixe reste, que vous purifierez derechef avec l'esprit de vin pour en ôter toutes les fèces. Il faut joindre ce sel fixe à son huile tout comme j'ai dit plus haut de la lune, et vous en trouverez les mêmes effets.

Il faut savoir aussi que le sel des métaux comme celui de la lune et de saturne, n'est pas d'abord aussi fusible que quelqu'un se l'imagine, au contraire ce sel est dur et peu fusible, à moins que l'artiste n'y remédie par un trait de l'Art qui consiste purement dans le sel armoniac, avec lequel il faut qu'il faut qu'il soit amené par sublimation au point de se résoudre en liqueur, lorsqu'on l'expose à l'air, quoique dans les sublimations il ne monte rien du tout de ce sel, avec le sel armoniac après quoi étant parfaitement dégagé du sel armoniac, il devient si fusible qu'il entre dans son huile comme la partie volatile, et je vous garantis qu'avec la lune et saturne vous serez très heureux.

Mais je dis une fois pour toute que celui qui ne croit pas que dans les moindres métaux et minéraux il y a un soufre solaire aussi bien que dans les plus nobles, il n'entend encore rien du tout dans le fond de la Chimie.

Pour confirmer ce que je viens de dire je ne rapporterai que quelques sentiments des véritables Philosophes, ne dissent-ils pas unanimement que le soufre est le Père de tous les métaux, et que le mercure en est la Mère, et ne crient-ils pas tous qu'ils, préparent leur Mercure philosophique ou leur dissolvant de soufre et de mercure dans lesquels est caché le troisième principe qui est le Sel, comme aussi ces deux premiers ne sont engendrés hors d'un sel vitriolique, si cela est véritable, comme il l'est effectivement, parce qu'un bon Chimiste le peut faire voir à l'oeil, pourquoi ne voudrais-je pas croire puisque les Philosophes disent unanimement que tous les métaux proviennent d'une même source, origine, fondement, racine et ils ont tous un soufre solaire? Mais je ne veux pas nier que celui qui est dans le plomb ne soit moins pur, moins cuit, et moins mûr, que celui qui est dans l'or ou

dans l'argent, mais lorsque vous l'aurez tiré du saturne pu-
rifiez-le et fixez-le selon l'Art, et dites-moi alors ce que vous
aurez trouvé, mais avant cela ne présumez pas de vous flatter
que vous attendiez quelque chose en Alchimie.

CHAPITRE XVIII

*Préparer hors de vénus et du bismuth
une véritable teinture du soleil.*

ONTRER à préparer hors de vénus et du bismuth une véritable teinture du soleil, c'est-à-dire que ces deux minéraux proviennent de la même source que l'or et l'argent, et qu'il ne leur manque rien pour être véritablement l'un ou l'autre, que la pureté dans leur production et la fixité, la raison qui m'oblige à placer le cuivre et le bismuth dans un même chapitre est que leur préparation est uniforme, je veux dire qu'il faut dissoudre l'un et l'autre dans une grande quantité d'eau forte faible comme huit ou dix de parties d'eau forte sur une de cuivre ou de bismuth et cependant ni l'un ni l'autre ne se précipite, ni avec l'esprit de sel, ni avec l'eau royale, ni avec l'eau salée, ce n'est pas là la méthode de les rendre cornus et de les désanimer.

Mais voici le procédé.

Prenez du cuivre qui n'a pas été étamé, qu'il soi vieux on nouveau il n'importe, prenez-en dis-je 4 onces, que vous ferez dissoudre en eau forte faible, il vous en faudra à peu près deux livres, retirez-en à peu près la moitié, et ayez soin d'y employer une cucurbite haute d'autant que le cuivre est sujet à se déborder, vous pouvez même en retirer un peu plus de la moitié. Ouvrez la cucurbite avant qu'elle ne soit tout à fait froide, à cause que le cuivre se précipite aisément en cristaux, versez dans le résidu encore chaux deux onces d'huile de vitriol et secouez-les bien, versez-le ensuite dans une cucurbite plus petite et convenable, ajoutez-y 6 onces de vif-argent, brouillez et secouez, derechef adaptez-y un chapiteau placez dans le sable et retirez-en toute l'humidité jusqu'à la siccité, ensuite donnezlui un feu de sublimation et vous aurez un sublimé d'une admirable belle couleur, mais qui ne s'attache pas si fortement au verre que celui de la lune ou de saturne, comme ces métaux.

Ramassez ce sublimé nettement à part, et la masse qui reste au fond aussi à part, versez dessus l'eau forte que vous avez déjà fait passer, et dissolvez-la comme auparavant, et si elle ne suffisait pas, ajoutez-y de la nouvelle autant qu'il en faudra pour une parfaite dissolution. Étant bien dissout jetez-y comme devant six onces de mercure vif mais n'y versez plus de l'huile de vitriol nouvelle, parce que la première à raison de sa proximité avec le cuivre s'est tellement insinuée dans ses parties qu'on ne peut pas l'en séparer aussi facilement que de la lune. C'est pourquoi l'on a pas besoin d'y employer de nouvelle huile de vitriol dans la 2e, 3e, 4e et même sixième sublimation de votre masse restante.

Sublimez comme devant, et réitérez ce travail aussi longtemps qu'il vous donnera du sublimé rouge avec lequel ensuite vous procéderez de la même manière, que j'ai enseigné
dans la lune, à l'exception que le sel de vénus et de bismuth
étant réduit avec son âme ne teint pas si promptement et en
si grande quantité de lune en soleil, car il y a constamment
dans tous les moindres métaux la même chose qui les empêche d'être or ou argent, je veux dire qu'ils n'ont point un
mercure fixe et décuit comme ceux ci, et par conséquent le sel
qui est préparé de ce mercure ne peut pas opérer les mêmes
effets que ce sel pur, fixe, bien cuit, et mercuriel du Soleil et
de la Lune ; mais il leur faut plus de temps pour leur préparation et fixation.

Mais l'on m'objectera peut être que puisque le mercure
du plomb du cuivre et du bismuth n'est pas aussi fixe que celui de l'argent et de l'or, et que j'enseigne d'employer plus de
temps pour le préparer et en tirer du profit, on ne comprend
pas comment j'ose si fort vanter leur soufre et promettre un
profit certain à ceux qui en feront usage, dans le temps que
je ne dois pas ignorer que le soufre et le mercure sont comme
le mari et la femme et que l'on n'est pas d'une plus grande
noblesse que l'autre.

À cela je réponds que je n'ai jamais promis que l'on tirait
à l'instant du profit de ce soufre au moyen de son propre sel,
mais je l'ai promis prompt au moyen du sel de la lune, et je
l'ai promis avec le temps au moyen de son propre sel, c'est-
à-dire après une préparation suffisante et convenable, car de
même que le sel de la lune par sa spiritualisation et purifica-

tion ne perd rien de sa fixité, mais il la récupère à la moindre digestion, c'est ce qui fortifie aussi les soufres des moindres métaux, qui leur donne un corps fixe, et qui les met en état d'être employé à profit.

Je n'ai jamais enseigné non plus que dans la voie particulière il faut porter le soufre de vénus avec le mercure sublimé sur du plomb ou sur l'étain, et le réduire en corps, et que par cette voie on tirerait du bon or, mais j'ai marqué qu'il y avait du profit à faire par l'argent et par l'or et parce que c'est dans cela que consiste tout le fondement de la Science hermétique.

je veux bien ici remettre en raccourci ce que j'ai avancé aux yeux du lecteur lorsque les Philosophes nous disent que leur mercure provient de l'or et de l'argent ou qu'il consiste en or ou en argent et qu'il en est préparé, ils parlent non seulement des parties essentielles de leur mercure mais aussi de tous les métaux, et ils placent entre les parties solaires leur soufre qui est d'une propriété sèche et ignée, et entre les parties lunaires le mercure qui est froid et humide en tout, et lorsqu'ils disent que les sept métaux tirent leur origine de la même source, c'est en vue d'établir que les prédits métaux consistent en mercure et en soufre, et bien qu'ils ne parlent pas du troisième principe qui est le sel, les savants savent fort bien qu'il est aussi bien dans le soufre que dans le mercure, n'étant l'un et l'autre dès l'instant de leur origine qu'une matière saline.

Ainsi le mercure a deux éléments l'eau et l'air, et le soufre a les deux autres, c'est-à-dire la terre et le feu, car le soufre est la matière qui devient en fin une terre métallique et qui coagule et lie le mercure, ce qui fait dire à Basile Valentin qu'il n'y a qu'une seule chose hors laquelle provient notre mercure, où il parle de la matière dans laquelle non seulement le soufre et le mercure sont engendrés, mais aussi de laquelle ils peuvent être extraits et si l'on ne les en extrait pas de bonne heure, mais qu'ils viennent à demeurer renfermés dans le sein de la terre, il s'en forme des métaux plus ou moins purs, selon la plus ou moins grande pureté de la matrice où cette matière première s'assemble et selon la congruité de la chaleur qui le durcit, ce n'est pas que Basile Valentin pour avoir désigné la matière unique, veuille par-là taxer de fausseté l'opinion de ceux qui assurent, que l'on peut préparer une teinture hors des métaux, qui ont à la suite été produit de cette matière, puisqu'il avoue lui-même, qu'il l'a faite de l'or commun, et cependant elle provient de la matière unique.

Car l'or n'est rien d'autre qu'un soufre et mercure, et sort de la même matière dont le mercure des philosophes provient, quoique l'or soit dans un plus haut degré de purification et de fixation, il est donc constamment vrai, que la pierre des Sages, et toutes les teintures particulières proviennent d'une même source, que c'est dans cette chose unique qu'il faut les puiser, et cette matière unique est le sel de la terre, qui est toujours incliner à engendrer un soufre et un mercure réels et effectifs.

Ce n'est donc point le salpêtre commun dans lequel on y trouvera cette vertu, en second lieu Basile dit plus outre : il consiste aussi en deux choses, savoir en soufre et en mercure, qui originellement avant que la nature ne l'eut amené à ce point, n'était qu'une seule chose, c'est-à-dire du sel comme on a déjà dit.

Oui il est même formé de trois principes ne faisant rien que lui, et tous les Philosophes ne nomment que ces deux à savoir le Mercure et le Soufre par leurs noms, car ils étaient tous deux sels, et la nature saline reste toujours, bien qu'à présent il soit soufre et mercure et elle y demeure cachée, c'est pour cela qu'ils sont trois, il ajoute qu'il est fait de quatre choses, c'est-à-dire de quatre éléments, la vertu de quatre éléments étant cachée dans ces deux matières, qui bien que deux seulement en nombre ont pourtant les propriétés de tous les éléments, savoir de l'eau, du feu, de l'air et de la terre, derechef notre mercure dit-il, provient de cinq choses en ajoutant la quintessence des éléments, qui originairement consistait en un sel, ensuite en soufre et en mercure, et enfin ramenée en un où le mercure et le soufre radicalement réuni, peut être avec toute sorte de raison appelé une quintessence de tous les éléments, principe de tous les métaux et minéraux, celui qui n'entend pas cela ne réussira jamais etc.

Plus le soufre est pur, et plus il devient une terre subtile métallique, et de là il prend la force de produire au dehors la couleur qu'il tient cachée au-dedans et de coaguler en or, par le moyen de la chaleur naturelle cachée dans la terre, le mercure pur qu'il rencontre, mais si le mercure qui rencontre le soufre est fort froid et humide, sale et impur, malgré que soufre soit bien purifie, il n'en proviendra que du saturne. C'est pour cela que saturne donne un soufre si beau et si net.

Si Mercure est un peu plus beau et plus pur, il en proviendra de l'étain, et ces deux métaux contiennent plus de mercure que de soufre, aussi les appelle t'on métaux imparfaits, tant par rapport à l'inégale proportion de leur mixtion, que par rapport au défaut de la chaleur naturelle de la terre, et de leur génération précoce.

Cependant il ne serait pas impossible, que s'ils étaient demeurés dans le sein de la terre autant de temps qu'il aurait fallu pour les mûrir, et qu'ils eussent eut une chaleur naturelle convenable, qui eut desséché l'humidité superflue de leur mercure, et qui eut décuit la partie sulfureuse de ces métaux, il ne serait pas impossible dis-je, que ces deux métaux ne fussent devenus l'or ou argent, j'entends après la séparation de leurs impuretés, et consomption de leurs superfluités.

S'engendre-t-il dans le sein de la terre hors du sel d'icelle et par la chaleur, qui par le moyen de l'air renfermé à la puissance de condenser en mucilage les humidités salées qui pénètrent la terre, et en former arec le temps un métal coulant, et survient-il un soufre vitriolique superflu, fort impur, et très salé, il en sortira du fer, qui à la vérité, a un beau et pur mercure, mais en fort petite quantité, en récompense il a un soufre superflu et même encore corrosif.

C'est cette matière vitriolique et saline qui fait que le fer se rouille aisément, aussitôt que la moindre humidité s'y attache, la dissout, et lui donne la force de corroder son propre corps. Le Mercure est-il également pur, et survient-il en abondance du soufre plus pur qu'au fer, il en résulte du cuivre, c'est pour cela que le mercure de ce métal à raison qu'il à un soufre plus pur qui n'est pas si mêlé de terrestréités, que dans le fer, présente aux yeux un corps fort rouge et se fond plus aisément que le fer, néanmoins sont soufre étant aussi fort vitriolique, aussitôt que l'humidité s'y attache le corps du cuivre en souffre et avec le temps il se résout en vert-de-gris, comme le fer se résout en un crocus rouge.

Mais la raison pourquoi il n'en arrive pas de même avec le plomb et l'étain, c'est que leur soufre n'est pas si vitriolique ou salin, et qu'il est enveloppé dans une plus grande quantité de mercure, ainsi les parties les plus fortes l'emportant sur les faibles, le soufre n'est plus en état d'être saisi par l'humidité, si donc la teinture au rouge est non seulement dans le cuivre et dans le fer selon l'opinion commune, mais aussi dans le plomb et dans l'étain, elle est pourtant d'autant plus dans le fer et dans le cuivre, que ces deux métaux contiennent plus de soufre qui proprement est la teinture au rouge comme le mercure l'est au blanc, et ce soufre leur étant ôté bien purifié et spiritualisé, afin qu'il puisse avoir ingrès, et étant porté dans un métal fixe en fonte, s'il entre comme il faut, et s'il se mêle radicalement avec lui, il demeure éternellement avec lui, parce que le corps fixe le garde et le conserve.

Et il présentera aux yeux l'argent changé en or, car de même que le corps fixe de la lune s'unit au soufre de vénus radicalement et le défend sur la coupelle contre la violence de saturne, ainsi ce soufre la préserve ensuite contre la violence de l'eau sorte, du cément royal, et de l'antimoine à raison de la nature sulfureuse et grasse.

Mais lorsque je n'ai pas encore parfaitement spiritualisé mon soufre, il ne s'unira jamais radicalement avec la lune, et il ne la teindra jamais en or, quand même je l'aurais tiré le plus nettement qu'il est possible cuivre, du fer, du plomb, ou de l'étain.

Mais si je veux, qu'il ait réellement l'ingrès et qu'il fasse le même effet, il faut que cela se fasse par le moyen d'un autre esprit qui soit en état de l'introduire, tel que le mercure sublimé, alors il peut réussir, mais si je porte ce soufre bien purifié sur du plomb, ou de l'étain en fonte soit par soi-même, soit avec un mercure, je n'obtiendrai pourtant pas de l'or, parce qu'il rencontre un corps imparfait, et que deux malades ou faibles ne peuvent s'assister l'un l'autre et se défendre de leurs ennemis, de même deux choses corporelles ne peuvent pas se pénétrer radicalement l'une l'autre.

Autrement il y a dans le plomb, et dans l'étain un soufre également convenable, et la teinture au blanc et au rouge aussi bien que dans le cuivre, et dans le fer, mais en moindre poids, et dans une moindre purification et maturation, ce qui fait que véritablement ce soufre de saturne et de jupiter, bien purifié et spiritualisé étant porté sur la lune en belle fonte, la change en or, mais pas en si grande quantité que celui de mars ou de vénus, aussi faut-il que le soufre de saturne et de jupiter, soit fixé plus longtemps que celui de la lune, du cuivre et du fer, et ces trois derniers demandant aussi plus de temps pour leur fixation, que celui qui se tire du corps de l'or même, car celui-ci n'a besoin ni de purification, ni de fixation mais seulement d'être spiritualisé.

Si quelqu'un me demande ou la teinture au blanc restera, si je tire de cette manière la teinture au rouge hors de tous les métaux indifféremment, à cela je réponds qu'elle est dans le soufre blanc de ces métaux, à savoir dans le mercure des métaux, car lorsque de la lune commune je fais un véritable sel, qui n'est rien autre que sa partie mercurielle, et que je ne lui donne pas d'huile de son soufre, il n'a d'autre vertu que de fixer le mercure commun en argent de coupelle.

Oui, le sel de l'or même, lorsque sa partie sulfureuse en est séparée ne fera pas plus d'effet que celui de la lune, mais il n'en est pas de même du sel vénus, de mars, de saturne, et de jupiter, bien loin de là, ils seraient plutôt capables de rétrograder l'or commun, la lune et le mercure en cuivre, fer, plomb, et étain, mais je n'en veux par dire davantage ici parce que je ne crois pas que l'on soit assez simple pour s'amuser à des curiosités, qui ne donnent aucun profit, au contraire un dommage notable. Je dirais plus que si quelqu'un est encore si incrédule, que de révoquer en doute la vérité des effets du soufre tiré des métaux communs, peut être s'il était bien curieux de voir les effets des métaux retournés, c'est-à-dire dont on a tourné le dedans en dehors, et le dehors en dedans, il pourra contenter sa curiosité, et convaincre son incrédulité, par l'expérience suivante.

CHAPITRE XIX

Expérience.

P RENEZ 4 onces de cuivre pur que vous ferez dissoudre dans autant qu'il faut d'eau forte pour le
dissoudre nettement, ensuite retirez par distillation
la moitié de l'eau forte, et tandis que la solution
est encore assez chaude versez-y 2 onces de bonne huile de
vitriol, brouillez les bien, et les secouez fortement, et puis
distillez par la violence du feu toute l'humidité jusqu'à siccité
et vous verrez sans addition d'aucun mercure monter un peu
de fleurs métalliques, qui aussitôt que le verre sera ouvert,
c'est-à-dire le chapiteau et qu'elles pourront humer l'air se
résoudront en liqueur.

Versez derechef l'eau forte sur votre matière et replongez-y
les fleurs, retirez la derechef comme auparavant à feu violent,
réitérez ce travail jusqu'à trois fois, et vous ne verrez plus montrer aucune fleur, mais la partie sulfureuse de l'huile de vitriol
se sera finement attachée aux parties sulfureuses de cuivre, au
moyen de l'eau forte. Fixez-les ensuite par le salpêtre soit dans

la voie humide, soit sèche, broyez subtilement la matière restante et mettez-la à l'air dans un vaisseau de pierre, et en très peu de temps elle se résoudra en très beau vert-de-gris.

Prenez cette matière quelque poids que lui donne l'ajout des sels, mêlez-y deux onces de chaux de Lune, précipités par le cuivre, et qu'elle soit bien pure, et quatre onces de pur sel armoniac, mettez tout cela dans une cucurbite. Sublimez trois fois, le sel armoniac en lui rendant toujours le même sel armoniac qui en a été sublimé, et ajoutant du nouveau à concurrence du poids de son déchet. Après la troisième fois il ne sera plus question du sel armoniac, vous en empâterez seulement votre matière bien broyée dans de la cire fondue en sorte que ce soit seulement une masse grossière. Mettez cette masse dans un creuset, et pressez la fortement au fond dudit creuset, faites fondre la cire et laissez-la brûler, vous mêlerez la poudre noire, qui vous restera avec deux fonces de borax, et au-dessus vous mettrez une demi-once d'or en lamines, et donnez-lui alors un fort feu de fonte pendant environ une heure, afin que vénus, et la lune ne fassent qu'un seul corps, coupellez et séparez-le et vous verrez si les métaux retournés et leurs réductions ont quelques effets, et s'ils donnent quelque augmentation à l'or ou point. Mais si vous prenez votre masse après qu'elle à été brûlé avec la cire ou à son défaut seulement avec du suif, réverbérez-la encore un peu, et mêlez-la avec poids égal de mercure sublimé, distillez-en le mercure par une petite retorte de verre en sorte que la matière se fonde dans la retorte comme la cire, réduisez-la en corps, coupellez et séparez et vous trouverez encore quelque chose de mieux.

Que quelqu'un fasse la même épreuve avec les métaux tous nus et qu'on les fonde ensemble tant qu'on voudra sans mercure sublimé, et qu'il voit alors s'il peut reconnaître la force et la vertu de leur soufre, je n'en dirai pas davantage si j'avais l'envie de faire de longs discours sur quelque métal ce serait certainement sur le cuivre, il faut pourtant pour finir ce chapitre que je vous donne encore une autre expérience.

CHAPITRE XX

Expérience.

PRENEZ du Cuivre rouge finement battu une livre, du soufre une livre comme aussi une livre d'antimoine cru faites Stratum Super Stratum dans un creuset ou pot de terre, et cémentés pendant huit heures, augmentant le feu de deux heures en deux heures, lors donc qu'il est rouge de feu, fera une masse, pillez cette masse en poudre, et calcinez-la comme si vous vouliez faire du verre d'antimoine, elle deviendra une poudre rouge, alors mêlez-en six onces avec une demi-once de borax cru, et faites le fondre, prenez-y garde, car il pénètre aisément au travers du creuset, surtout si vous y mettez un peu plus de borax qu'il ne faut, prenez garde aussi qu'il n'y tombe du charbon.

Lors donc qu'il sera bien fondu, versez-le dans une lingotière, et vous aurez une masse comme un cinabre obscur, broyez cette masse subtilement versez sur cette poudre de l'huile de sel, ou esprit de sel, qui en extraira une rougeur brune foncée, quand elle aura resté quelque temps à une douce chaleur, et alors que l'huile n'en extrait plus rien, versez en la solution arrière, de la matière. Puis versez-y de la nouvelle huile de sel, et vous réitérez cela tant de fois, que l'huile n'en tire plus de teinture.

Mettez alors en digestion huit jours à une douce chaleur, retirez par distillation votre huile de sel jusqu'à siccité, alors versez-y de la nouvelle huile dessus, et le laissez encore digérer comme devant et séparez-en les fèces. Vous pourrez répéter ce travail jusqu'à trois fois, savoir à proportion que les fèces se précipitent, en dernier lieu.

Quand vous aurez retiré votre huile par distillation jusqu'à siccité, versez dessus le menstrue, qu'on appelle ordinairement l'huile le 2 B. C des Philosophes ou de mercure, c'est celle qui provient de la précipitation beurre d'antimoine, on laisse évaporer l'eau jusqu'à ce qu'il devienne en huile par-dessus, et il s'extraira un beau vert comme une émeraude. Versez les solutions à part dans une cucurbite, afin qu'il ne passe aucunes fèces avec elle, mettez-les encore en digestion pendant trois jours et nuits, retirez-en encore l'huile, cohobez l'huile par-dessus, et la mettez derechef en digestion, et enfin retirez la par distillation, jusqu'à consistance d'huile. C'est une excellente huile, vous ne pouvez démontrer que l'on peut tirer de l'or de la lune, et faire voir clairement la transmutation soit peu ou beaucoup, certainement vous ne le ferez avec aucun autre. Oh voilà l'huile préparée de quel air vous y prendrez-vous pour tirer par son moyen l'or de la lune, la verserez-vous dans une solution de lune, elle se précipitera en lune cornue, la jetterez-vous sur de la chaux de lune, ou sur la limaille, après légère digestion vous y verrez bien quelque apparence d'or, mais elle s'envolera avant que l'argent ne soit fondu, voici l'embarras. Lisez bien ce que j'ai dit par-ci par-là et vous en trouverez la possibilité assez aisée.

J'ai seulement écrit ceci pour faire voir que quand les métaux sont réduits en esprit, ils peuvent faire effet dans la lune et le mercure et leur sel, car quand l'or, vénus et mars sont unis spirituellement, ils peuvent souffrir le saturne dans leur compagnie et prendre mercure prisonnier.

Il n'est pas permis d'en dire davantage, vous pouvez faire la même huile hors du *crocus martis* de cette manière sans antimoine etc.

CHAPITRE XXI

De l'Or, si l'on peut le détruire ou pas.

J'ÉCRIRAI ce que j'en pense, je veux seulement rendre réponse à ceux qui se donnent pour Philosophes, et qui nient la possibilité de cette destruction. Je dis donc que si le proverbe des véritables Philosophes est vrai à savoir, que le sel des métaux est la Pierre des Philosophes, la destruction de l'or est vraie aussi. Voulez-vous alléguer que les Philosophes n'ont pas entendu de cette manière le sel des métaux, comme s'il fallait le tirer ou séparer des métaux, mais ils ont appelé sel ce qui assiste à engendrer les métaux, et qui est avant les métaux comme leur première matière, à quoi je réponds: n'avez-vous pas lu que celui qui ne sait faire des cendres ne sait aussi faire du sel? Je demande ensuite si le sel est avant le corps ou pas, il serait difficile de se procurer un tel sel qui subsisterait avant le corps, vous demanderez s'il est possible de réduire l'or en cendres? et d'en séparer le sel? je réponds que oui, il n'est aucun métal quelque noble et fixe qu'il soit que l'on ne puisse tirer de son essence à la longueur du temps par le feu, ou par douceur ou par violence.

Car ce que l'on ne peut faire par l'un, il le faut l'exécuter par l'autre, quoique la séparation des sels ne se fasse pas dans tous d'une même manière pour autant qu'il m'est connu, le sel de l'or n'a pas de force davantage que de fixer le mercure en argent, mais en bien plus grande quantité que le sel des autres corps, mais aussi la préparation en est bien plus difficile et ennuyeuse, ne croyez pourtant pas que je parle du sel de l'or, que ce soit un sel que quand on fait dissoudre de l'or dans une eau royale et qu'on en fait une espèce de cristal. Non je ne suis pas si simple que cela, car ce prétendu sel ne fait aucun effet, à moins qu'on appelle mercure à son assistance, que Bacchus l'ait abreuvé, et que Vulcain l'ait nourrit de sa force. En ce cas la, il pourrait faire quelque chose de plus que l'autre et le surpasserait de beaucoup en valeur, donc on peut faire un sel de l'or en quoi vous pouvez ajouter foi au plus sincère de tous les Philosophes qui est Isaac Hollandais.

Il faut de nécessité, qu'il se fasse une destruction de l'or car lorsqu'on prend hors d'un corps une partie essentielle, le reste ne peut demeurer, en ce qu'il était auparavant, puis donc que l'or contient un sel, et qu'on l'en peut séparer il faut qu'on le puisse détruire, et ce qui restera ne sera que son mercure et le rendra coulant.

Cela est véritable quand on peut faire une telle séparation dans un corps, que d'en tirer un mercure coulant, et un sel, il est impossible que ce même corps reste et demeure un métal tel qu'il était auparavant, donc il est possible de diviser l'or en ses principes.

Si vous voulez dissoudre l'or et chercher par différentes réitérations à le tirer de son essence, ce qui est très possible faites l'eau royale suivante :

Prenez trois livres de vitriol calciné, deux livres de nitre pur, une livre d'alun calciné. On ajoute sur une livre d'eau forte un quarteron de sel bien dépuré et préparer par l'huile comme ci-après, selon que l'eau forte aura été distillée avec violence, lors donc que le sel armoniac aura été dissout dans l'eau forte au froid (cette eau sera jaunâtre et même exaltera l'or dans couleur). L'on distille cette eau royale avec circonspection dans un grand récipient et surtout il faut prendre garde d'y procéder avec beaucoup douceur, surtout au commencement à cause de ses esprits volatils, pour la bien faire, voici la méthode que j'ai inventée et qui est très bonne.

Avant je dissous le sel ammoniac dans de l'eau commune distillée, je verse cette solution dans l'eau forte, je les distille, alors il n'y a pas à craindre que les esprits volatils s'envolent, seulement il en faut un peu davantage pour dissoudre l'or que de l'autre. Toutefois l'eau commune n'y nuit point du tout, quand on fait la distillation réitérer 3 à 4 fois en cohobant, elle s'évapore et la force reste après en la dernière distillation.

Après cette solution et abstraction vous ajoutez un bon esprit de vin, vous pouvez rendre l'or si volatil qu'il se sublimera tout à fait blanc, mais il faut prendre garde que les jointures du vase ou chapiteau soient exactement fermées, et que le verre ne vienne à sauter car autant qu'il est excellent après une préparation convenable dans médecine, autant est-il dans cet art venin dangereux lorsqu'il est comme dans son premier être, mais ce dragon tue d'abord son propre venin, et devient une médecine aussi bien pour les corps humains, que pour ses pauvres frères métalliques malades.

L'on peut voir par ce qui suit que la manipulation prescrite est très bonne, faites dissoudre d'abord le sel armoniac dans l'eau commune distillée versez dessus autant d'huile de vitriol bien rectifiée, ensuite distillez le flegme et chassez l'huile par la retorte, et vous aurez pour lors un beau sublimé très clair et très net, que j'appelle ordinairement mon jeu chimique, car on peut s'en servir dans beaucoup de choses dans la Chimie.

Il faut bien souvent que l'on ait la patience d'entendre surtout des novices dans l'art, comme quoi on fait passer l'or par le bec de la cornue, qui croient qu'ils sont les plus habiles gens du monde, lorsqu'ils ont fait ce grand miracle. Si vous croyez que cela vous sera utile, je veux bien vous en dire différentes manières de la faire passer.

En premier lieu vous pouvez le faire avec l'eau royale seule car si vous en versez en quantité plus qu'il n'en a besoin pour la solution, et que vous le distillez fortement, il en passera la plus grande partie avec l'eau, car les métaux passent facilement avec les menstrues ou le sel armoniac, et le mercure dominant.

Item, faites dissoudre de l'or dans de l'eau royale, retirez-en l'humidité, versez-y deux parties d'huile de vitriol, une partie de l'or passe en forme de gouttes, et l'autre partie se sublime comme un duvet, aussitôt que ce duvet vient à l'air il se liquéfie, et devient une solution, jaune et il demeure or par derrière et par-devant, en haut et en bas, et rien de plus sinon que son corps doit suivre les sels. Mais lorsque l'on dissout l'or en l'esprit de sel, et que l'on y verse de l'huile de vitriol, alors l'acide repousse et chasse dans la distillation le froid subtil, et il se précipite en corps, excepté que dans la gorge de la retorte, il passe quelques fleurs rouges, mais l'or reste pur dans le verre, d'où l'on voit que s'il y avait beaucoup de sel armoniac dedans, l'or monterai facilement.

Voici encore la méthode que je regarde comme la meilleure pour sublimer l'or rouge comme sang.

4. B C. Prenez une demi-livre de sel de tartre, quatre livres d'huile de vitriol, laissez-les reposer jusqu'à ce qu'il ne se précipite plus aucun cristal dans le froid, et il sera prêt. Alors prenez une très pure chaux d'or, la plus subtile qu'il sera possible et versez de l'huile susdite par-dessus, et en peu de jours, elle se fondra dedans comme du beurre, retirez par la distillation jusqu'à l'oléosité, mêlez-y trois fois autant de paillette de fer et sublimez fortement, et l'or montera beau.

Notez quand l'or se dissout dans l'huile, mettez le dix ou douze jours en digestion dans le bain-marie, le résidu vous pouvez le bouillir dans le plomb fondu, et le coupeller, et vous expérimenterez si tout votre or est passé en fleurs sublimées. On me dira peut-être que dans les paillettes de fer il y a aussi une teinture, fort bien, mais n'y jetez pas de l'or, et faites votre opération avec les paillettes de fer seules, et peut-être vous découvrirez la vérité, supposé que la chose fut ainsi ce qui n'est pas pourtant, cela ne vous nuirait point ni en médecine, ni en chimie, car dis-je dans la véritable teinture de mars, il y a plus de vertu cachée que dans l'or même.

CHAPITRE XXII

Autre expérience.

FAITES un menstrue d'une livre de sel gemme, trois livres de bol, deux onces de salpêtre, distillez-les comme de coutume. Prenez une livre de cette eau, et une demi-livre de sel armoniac, distillez-les ensemble avec précaution, comme je vous ai enseigné plus haut. Dissolvez-y de la chaux d'or, laissez-les trois semaine dans cet état, puis en distillez le flegme.

Dissolvez-y quatre onces de sel de tartre (j'entends s'il y a une demi once de chaux d'or) versez le dans la solution distillez le fortement à la fin, et l'or se sublimera parfaitement beau, s'il n'est pas tout monté, versez dessus du nouveau menstrue, dans lequel vous n'aurez pas encore dissout de l'or, et le distillez comme devant, et il montera entièrement.

CHAPITRE XXIII

Une autre expérience.

F AITES une très subtile chaux d'or, avec le soufre, mercure, ou cinabre ou par quelque autre moyen, distillez un vinaigre aussi fort que vous pourrez. Dans une livre de ce vinaigre mettez six onces de sel armoniac, qui aura été premièrement sublimé par le sel gemme, et puis par l'alun de plumes, dissolvez votre or dans ce menstrue il se montera couleur de sang.

Mettez-le huit jours en digestion et puis retirez en l'eau, et versez de l'huile de sel par-dessus et faites-le dissoudre là-dedans, alors prenez pour chaque demi-once d'or une et de-mi-once de mercure sublimé, tel que je l'ai écrite (j'entends celui qui est fait avec l'esprit de sel) demi-once de sel volatil S. B. C. d'urine, et dissolvez chacun en particulier en huile de sel et le versez dans la solution. NB. Que vous devez bien prendre vos précautions quand vous le faites sans quoi il ful-minera, digérez le pendant trois ou quatre jours, alors dis-tillez et sublimez votre or, et il sera comme un rubis, mettez-le dans la cave avec le mercure, et il se résoudra en une huile rouge que vous garderez.

Vous savez à présent par quel artifice on fait passer l'or par le chapiteau, et malgré tout cela il n'est pas détruit, choisissez de tout cela ce qui vous agrée le mieux tant pour la médecine que pour la métallique, on ne saurait nier que cet or sublimé ne soit beaucoup plus subtil que s'il avait été dissout par quantité de sel, mais on peut encore le récupérer en quantité et en qualité ; pour ce qui est de la Médecine je l'abandonne aux observations d'un chacun, selon qu'il le jugera bon, mais de soi-même il ne fait aucun effet sur les métaux, à moins que vous ne le mêliez avec les métaux qui auront été spiritualisés de la même manière, si l'on peut véritablement appeler cela spiritualiser les métaux, quoique les métaux se tirent plus aisément de leurs essences, lorsque cet or subtilisé les aide, qu'il s'unit avec eux, et ainsi leur communique plus aisément sa propre teinture, il y a pourtant dans tout cela fort peu de chose à faire, sans le mercure et mars.

Comme l'on peut tirer l'or de son essence, on me reprochera peut être que j'ai bien dit, comme l'on peut subtiliser l'or, mais que je n'ai pas montré, la méthode de le détruire, après donc que je ne puis croire que l'on puisse faire la pierre des Philosophes ou la moindre teinture, par laquelle on puisse changer les métaux en or, sans la destruction de l'or ou des métaux. Et comme cette destruction, a lieu dans les moindres métaux, car dans leur intérieur ils sont tous une même chose ; je veux donc mettre ici une manière de séparer les parties de l'or, de telle sorte qu'il sera impossible de le réduire jamais en or, et par ce moyen en faire une teinture, dont une partie en teindra mille, mais je ne serais pas d'avis qu'un novice se hasardât d'y mettre la main.

Prenez donc de l'alun de roche, salpêtre de chaque trois L, et six L de vitriol calciné, distillé en une eau forte, il faut que vous en ayez du moins 18 ou 20 L, alors prenez cinq L de cette eau ajoutés lui deux L de salpêtre une L de vitriol calciné au jaune, et 25 onces de sel armoniac, distillez-la selon l'art, il faut s'y exercer pour la distiller comme il faut, faire cela jusqu'à ce que vous ayez distillés les 20 L susdites, à la dernière distillation il faut les pousser avec violence, afin que les esprits en sortent entièrement, en autant d'eau qu'il en sera nécessaire. Faites-y dissoudre deux L d'or fin, retirez-en l'eau, et faites par cette eau que l'or soit et demeure comme une huile de couleur de sang foncé, que vous garderez alors. Prenez quatre L. de mercure sublimé, et 25 onces de sel armoniac, fondez-le dans un verre au feu de sable, jusqu'à ce qu'il soit liquide comme une huile, laissez-la refroidir, pilez la bien menue et ajoutez une L et demie d'alun calciné et autant de salpêtre, mêlez les bien, et les mettez dans une cucurbite de verre bien luté ; distillez-le par degrés à feu ouvert jusqu'à ce que le flegme et l'esprit soient passés, alors poussez en l'huile, tant que rien ne veuille plus monter, gardez bien le mercure qui sera monté, car il est toujours bon et surtout de cette manière ; à ce mercure joignez autant de celui qui aura été fondu avec le sel armoniac, qu'ils fassent ensemble 4 L, mêlez-y derechef autant d'alun, et de salpêtre, faites cela si souvent que vous ayez 6 L d'huile, enfermez-la dans un verre bien fort et solide, ensuite prenez 4 L de cette huile, une L de mercure sublimé, qui à été fondu avec le sel armoniac, mettez-le dans une forte cornue, distillez-le dans le sable, et au dernier, à feu très fort, jusqu'à ce que plus rien ne passe.

Quand tout est passé mettez-le dans une cucurbite de verre dans le bain-marie, et retirez-en le flegme jusqu'à l'oléosité, laissez-le refroidir et vous trouverez une huile de mercure, fort claire tirant sur le jaune gris, qui est fort pesante et très pénétrante, gardez-vous qu'elle ne vous touche pas les mains, il faut qu'il y ait deux L de cette huile, alors prenez un vaisseau de très fin verre, qui n'a pas le moindre défaut, versez-la dedans votre huile d'or que vous avez fait auparavant, et puis les 2 L d'huile de mercure en question, lutez-y un chapiteau aveugle, et mettez le quarante jours et nuits en putréfaction, de telle sorte qu'une douce rosée de chaleur ne lui manque pas alors distillez-la par la retorte, en commençant par un feu très doux, et le flegme passera le premier, ensuite vient l'huile avec l'or jaune et rouge, et lorsqu'il vient une couleur blanche de lait mettez-lui un autre récipient de verre, et poussez jusqu'à ce que tout soit passé, gardez le pour quand il sera temps de s'en servir.

Or la matière est tout à fait spiritualisée, et le pur est séparé de l'impur, il est question à présent d'en séparer les corrosifs. Prenez à cet effet une tasse de verre, qui contienne environ deux ou trois pots d'eau de fontaine et la remplissez de cette eau froide, et versez dedans ce qui est de couleur d'or, il se précipitera une matière blanche, et l'eau deviendra jaune, versez cette eau dans une cucurbite de verre bien nette, de telle manière que rien de blanc, qui est au fond ne tombe dans la cucurbite, gardez cette matière blanche elle ne sert de rien dans cet œuvre, mais elle guérit toutes plaies ouvertes quelles qu'elles puissent être.

Distillez ensuite l'eau jaune et versez-en de la nouvelle par-dessus ce qui restera au fond du vase, ce qu'il faut réitérer trois ou quatre fois, alors mettez dans une nette cucurbite de verre haute d'un empan, et sublimez-la par soi-même et vous aurez une couleur qui vous ravira en admiration, car il n'y a rien au monde de plus charmant. Je l'ai vue de mes propres yeux, et je l'ai assisté à faire de mes propres mains. Quant au blanc, que je vous ai recommandé de garder, versez-le aussi dans l'eau, et faites la même chose qu'avec le rouge, sinon qu'à la fin vous la mêlerez avec un sel marin bien blanc et le sublimerez avec force, et elle montera comme une poudre bien blanche, dissolvez-le sel en arrière dans de l'eau chaude, et vous trouvez d'avantage de terre de l'or, qu'à la première fois, mêlez-la avec celle qui guérit les plaies elle est comme la craie mêlée.

Jusqu'ici je vous ai déclaré la manière de séparer, afin que vous voyez comme on peut détruire le corps de l'or, parce qu'une partie en est séparée, c'est-à-dire la terre, le sel et le mercure, ne peuvent plus faire le corps de l'or, mais il faut qu'il le retrouve dans les imparfaits et même dans le mercure cru, si le travail est long et pénible, il est du moins certain, et quand vous les remettrez ensemble tous les trois, je veux dire la terre, le sel, et le mercure, ce que les Anciens ont appelé le sel, le soufre, et le mercure, il sera et reviendra or, tout comme auparavant, mais s'il y a une seule de ces parties séparées, jamais il ne reviendra or comme il était auparavant. On peut entreprendre ce procède avec quatre onces, si on le trouve à propos, celui de qui je l'ai vu faire, l'appelait la Pierre Philosophale, et ceci vous paraîtra bien peu de chose, parce que les Philosophes ne se sont pas donnés tant de peines comme dit Théophraste de sa teinture physique. Prenez, dit-il, le sang rouge du Lion et le blanc de l'aigle et nommé la notre dualité (ce qui pourtant selon eux se doit entendre tout d'une autre manière) parce que Bernard Trévisan et quantité d'autres rapportent des dictons tous différents par lesquels ils expliquent la chose avec bien plus de simplicité, ainsi ce ne saurait être cette opération, on aurait bien à faire si on voulait entreprendre de vous désabuser. C'est pourquoi que chacun cherche selon sa fantaisie, pour moi j'adhère à la sentence du même Théophraste lorsqu'il dit : hors des métaux, avec les métaux, par les métaux, se font les métaux, je m'accorde aussi entièrement avec Isaac Hollandais, car celui-ci a donné plus d'une voie par lesquelles ont peut améliorer les métaux, car on ne saurait trouver un Auteur plus sincère que lui.

Le Docteur Becker en parlant de lui, dit : N'entendez pas un autre, Élie Artiste qu'Isaac Hollandais, c'est pourquoi je n'ai rien voulu sceller et je me fais un plaisir d'en instruire mon prochain, si vous l'entendez mieux faites-le, à la bonne heure, je me flatte d'en venir à bout aussi, car j'en sais l'abréviation, aussi ai-je appris à faire huile et l'eau royale, je n'aurai pas écrit cela si je ne l'avais fait en faveur de la vérité et pour montrer, quels sont les principes qui composent l'or, qui contient une terre. Mais me demandera t'on, n'y a-t-il point d'autres méthodes de détruire l'or que celui-ci? Je réponds que si fait vraiment il y en a même quantité, mais il n'y en a pas de si exacte que celle-ci.

Je veux bien vous en donner une en raccourci. Premièrement si l'on veut entreprendre quelque chose d'utile avec l'or, il faut avoir soin de se servir d'un or très pur et exalté comme j'ai donné plus haut avec les paillettes de fer, ou autrement.

Secondement, il faut entreprendre cette opération avec deux onces au moins, car à moins d'avoir Dieu contraire on ne saurait manquer de réussir.

Troisièmement, il faut tacher de trouver une méthode particulière pour rendre l'or aussi fusible que la cire avant de chercher sa destruction, et cela n'est pas difficile, si l'on se sert du mercure sublimé, que j'ai donné plus haut avec l'esprit de sel, qui bien qu'il soit un des plus grands poisons ne nuit pourtant point à l'or parce que de ce venin il en résulte enfin la plus grande des médecines, aussi le mercure sublimé sera la première pièce de notre œuvre, et l'or sera la seconde, et il faut que ce dernier soit vaincu par le premier, cela arrive en quatorze ou quinze jours, pendant tout ce temps ils combattent l'un contre l'autre, au 16e jour ils commencent à s'aimer l'un l'autre et à s'unir amiablement et à montrer leurs effets.

Quatrièmement, il prendra garde de distiller hors de bon vin le vinaigre qu'il lui faudra pour l'œuvre NB. Qu'il soit bien et plusieurs fois rectifié.

Cinquièmement, il prendra soin d'empêcher que le vinaigre ne se dessèche pas tout à fait dans le travail, c'est pourquoi je suis d'avis que les digestions se font infiniment mieux dans les bains-marie que tout ailleurs, il en sera meilleur il deviendra comme une huile, l'attention et la diligence est le véritable Art et la meilleure manipulation.

Sixièmement, on aura un soin extrême d'empêcher depuis le commencement jusqu'à la fin qu'il ne tombe rien du tout d'impur ou du lut dans la matière cela est d'importance, en voici le procédé. Avec une demi-once de cette teinture on teint en or très fin 8 onces de lune très fine.

CHAPITRE XXIV

Procédé.

PRENEZ deux onces d'or que vous ferez dissoudre dans l'eau royale que j'ai donné la première, autant qu'il en faut, ce qui ne va qu'à dix once dans l'autre eau royale, vous ferez dissoudre six onces de mercure sublimé préparé comme il est dit. Versez les deux solutions ensemble, retirez les par distillation 14 à 15 fois différentes arrière de vos matières, jusqu'à siccité, mais à chaque fois il faut y ajouter quatre onces de nouvelle eau royale. Notez bien aussi qu'il faut éviter qu'il ne se sublime rien du mercure, cependant s'il s'en était sublimé quelque peu il faut le mêler, et le jeter dans la première solution, par-là le mercure et le l'or s'uniront et le l'or deviendra aussi fusible que la cire, et aussi volatil que le mercure commun, ce qu'on peut éprouver en jetant une petite partie de ce composé sur un charbon ardent, et l'on verra qu'il s'envolera entièrement, après cela séparez-en le mercure par une sublimation douce, en sorte que l'or seul reste sur le fond de la cucurbite sans être en fusion.

Alors vous dissoudrez cet or dans l'esprit de sel que j'ai donné plus haut et versez dans la solution, une once d'une bonne huile de vitriol très rectifiée, battez-les bien ensemble, faites aussi dissoudre dans l'eau royale le mercure que vous aurez sublimé arrière de l'or, versez derechef les deux solutions ensemble, et faites encore l'abstraction de l'humide par six fois comme auparavant, alors le mercure et l'or seront constamment unis.

Vous retirerez donc la 6ᵉ fois l'eau royale autant qu'il vous sera possible la matière résidu, vous la mettrez dans une autre cucurbite, et vous verserez là-dessus du très bon vinaigre de vin distillé en concurrence de six fois le poids de vos matières, placez-les huit jours et nuits en digestion, à une douce chaleur, et l'or et le mercure, s'y dissoudront.

Si la dissolution se fait si nettement qu'il ne reste rien de l'or au fond, vous avez certainement trouvé la meilleure manipulation, et vous avez le signe le meilleur que vous pourriez souhaiter pour un heureux succès. Retirez ensuite le vinaigre par distillation, et versez-lui en derechef du nouveau, digérez-le encore pendant huit jours et nuits réitérez jusqu'à la troisième fois et l'or et le mercure en seront d'autant plus spiritualisés et plus unis, et la matière sera prête pour la pierre particulière, mais non pour la pierre universelle.

Car bien que les deux matières qui la composent fussent contraires au commencement il faut bon gré malgré qu'elles s'accoutument ensemble et qu'elles deviennent et demeurent inséparables.

Voici la troisième chose qui les rend enfin inséparables, et qui les lie éternellement et si étroitement, qu'il n'y a rien que la mort qui puisse les séparer, elle les exalte même tellement en force et en vertu, qu'en très peu de temps ils peuvent devenir une médecine plus que parfaite, car elle tire tout à soi, et non seulement elle les augmente en quantité et en qualité, mais encore elle abrège le temps de la fixation.

Prenez donc le sel alembroth ou son huile dont j'ai donné la composition au traité des sels, prenez-en dis-je trois onces, et en faites mélange retirez-en le flegme au B. M. Lorsque vous voulez la mettre en fixation, il faut la mettre dans une fiole qui soit assez grande pour que la matière n'en occupe que la quatrième ou 6ᵉ partie, fermez votre vase d'un bouchon de verre qui cadre bien, vous la placez alors dans les cendres au moins la profondeur de deux pouces pendant 15 jours et nuits, à elle chaleur que l'on y puisse aisément souffrir la main, ces 15 jours écoulés vous placez votre verre dans le sable et l'y laissez pendant douze jours, au second degré de feu, il faut cependant que le verre soit un peu plus enfoncé dans le sable, que je n'ai dit des cendres, et il ne faut pas manquer ici non plus, que dans les cendres de couvrir votre verre d'une cloche de verre renversée, afin que la chaleur ne se dissipe pas, et qu'elle soit en haut comme en bas. Les douze jours étant écoulés, on lui donne dans ce même sable et fourneau, le troisième degré de feu en ouvrant un ou deux registres et cela pendant huit jours et nuits, de sorte qu'à la fin le verre s'échauffe à devenir brun rouge.

S'il ne se sublime plus rien la fixation est achevée, je dis plus si l'on a bien opéré dans les degrés du feu il suffira de huit jours pour le premier degré, de quatre jours pour le second, et de deux jours pour le troisième, en sorte qu'en peu de jours la fixation entière sera achevée la projection se fait en serrant la teinture dans de la cire et la jetant sur la lune en belle fonte, et la laissant une heure entière en fusion.

CHAPITRE XXV

De l'Or philosophal.

PRENEZ 4 onces de mars fin en petites lamines, mettez-les dans un creuset dans un fourneau à vent, quand votre mars sera mou, mettez-y 8 onces d'antimoine en poudre, donnez fort feu, que la matière soit coulante, alors jetez peu à peu une poignée de bon salpêtre dessus avec une cuillère de fer, laissez travailler vos matières ensemble, jusqu'à ce que tout repose, alors jetez votre régule dans une lingotière, étant refroidi, séparez le régule de ses fèces.

Deuxièmement, faites fondre votre régule, étant en belle fonte jetez dessus 1½ onces d'antimoine en poudre et cela étant encore fondu, jetez du salpêtre comme la première fois, et ensuite jetez votre régule dans la lingotière, séparez les fèces qui ne servent à rien.

Troisièmement, faites fondre une troisième fois votre régule et y jetez encore du salpêtre comme ci-dessus, et quand vous verrez que le salpêtre nagera sur la superficie comme une

huile, continuez un feu fort, autrement le salpêtre se coagulerait et se durcirait, videz votre creuset comme devant.

Quatrièmement, faites fondre votre régule dans un creuset neuf et bien net, et quand il sera en fonte comme argent,
jetez-y du salpêtre, laissez-le bien travailler, après videz votre
régule le plus promptement possible, et si les fèces sont couleur d'or cela est bien. Le régule, sera blanc comme argent, et
il aura une belle étoile sur la superficie, c'est la *stella signata*
des Philosophes si vous avez bien travaillé, votre régule pèsera
4 onces, et vous pouvez faire cet ouvrage en deux heures.

Ainsi se fait la préparation de l'antimoine, en quoi il y a
une chose à remarquer à savoir ce que c'est qui sépare l'antimoine de ces fèces, il ne faut pas s'imaginer que c'est le salpêtre, mais sachez que l'antimoine tire l'âme du mars, qui est
son meilleur soufre, et le réduit en mercure. Ce mercure est
un pur feu, et a les effets du feu, qui digère dans l'antimoine
son mercure indigeste, et sépare la mine de ce métal.

Sachez aussi que le mercure de mars, est caché dans cet
antimoine purgé, sous la blancheur du mercure antimonial,
car la blancheur argentée du régule, ne vient pas de son propre
soufre, mais de l'argent vif, sous lequel est caché le mercure
de mars qui n'est autre chose qu'or, ce mercure de mars, n'est
dans le prédit mercure d'antimoine que comme un esprit qui
demeure vivant dans l'argent-vif d'antimoine, jusqu'à ce qu'il
redevienne un corps qui est or, et se sépare alors du mercure
d'antimoine. À cette heure si vous savez quel est le feu qui
purge ainsi l'antimoine vulgaire, vous entendrez aussi quel
est le feu qui purge et digère l'antimoine magique, c'est-à-

dire, ce que c'est que l'or des Philosophes que nous appelons or potable, qui à la fin se sépare du Mercure des Philosophes aussi bien que l'or se sépare du mercure vif d'antimoine. C'est pourquoi il est très nécessaire que vous fassiez beaucoup d'attention à la manière d'agir de la Nature, et vous trouverez ce que c'est que la nature non seulement dans les métaux vulgaires, mais aussi dans toutes choses, et surtout dans les métaux des Philosophes.

Puis donc que vous avez séparé de l'antimoine ses excréments métalliques, vous ne devez pas ignorer, qu'il reste encore un excrément, qui est son soufre brûlant. Quand ce soufre est séparé l'antimoine est réduit à son premier être, ou matière première, qui n'est qu'un feu, et ce feu n'est autre chose qu'argent vif, et cet argent vif est crée du plus grand Mystère de la Nature.

Pour séparer ce soufre de l'antimoine purgé, l'opération est facile, mais il y a là-dedans un grand mystère. Je n'en dirai point davantage qu'il n'en faut pour cet ouvrage, une chose qui doit ressusciter et revivifier un corps mort et séparer de la vie, ce qui est cause de la mort doit avoir deux qualités, l'une de vivifier, et l'autre de séparer, et ces deux qualités doivent être une en vertus et deux en nombre. Or l'argent vif est à présent mort dans l'antimoine, doit-il revivre, il faut qu'il ressuscite par la même chose, qu'il a été auparavant, avant qu'il ait été tué, dans laquelle chose la vie abonde et est inséparable.

Tout ce qui est mort, ne peut être revivifié que par sa seule et propre âme, et tout ce qui a été mort et qui est revivifié devient un ferment de la chose vivante, par laquelle il est revivifié. Cette chose est son augmentation ou multiplication magique, de là il s'ensuit que dans les choses vivantes il y a certaine substance transmuable dans la substance de la chose qui est revivifiée, car la volonté de Dieu, qui est que tout meurt, est le spécifique des créatures, qui après la mort s'augmente à l'infini, il s'ensuit de plus qu'il ne se peut faire aucune transmutation sans régénération etc.

C'est pourquoi ce qui est vivant doit être de la Nature de l'eau comme vous voyez qu'un grain jeté dans la terre est animé par l'eau c'est-à-dire, dans le grain, il y a une eau morte, qui par l'eau extérieure est revivifiée, et cette eau morte est un ferment de l'eau, c'est-à-dire donne à l'eau sa nature spécifique, ainsi d'un seul grain croissent des grains infinis.

Ainsi comprenez que dans ce procédé, que l'argent vif d'antimoine, de saturne, d'étain, etc. est mort ne pouvant être réanimé que par l'argent vif vulgaire, de cette manière arrive la corruption, régénération et multiplication de la forme des métaux.

Vous me demandez peut être parce que l'eau multiplie le grain dans la terre et est changée elle-même en grains, si de la même manière l'argent vif des métaux multiplié avec le mercure vulgaire redevient métal? Je réponds que cela est impossible dans les métaux vulgaires, mais non pas dans les métaux philosophiques et cela même est très facile, car notre mercure quitte son spécifique et le reprend par l'Art, c'est-à-dire, devient or, et argent qu'il avait été auparavant, la raison pourquoi cela n'arrive pas dans les métaux vulgaires, je le réserve pour un autre lieu.

Cependant nous voyons que le régule d'antimoine ne se mêle pas avec le mercure vulgaire à cause du soufre qui est dans le régule, et ce soufre étant métallique n'a rien de commun avec le mercure vulgaire et empêche la mixtion, que si le mercure d'antimoine doit devenir argent-vif par le mercure et que cela ne se puisse faire sans mixtion, il faut de nécessité qu'il y ait un milieu entre l'argent-vif vulgaire, et le mercure d'antimoine, et dans ce milieu doit être la force séparative, qui n'est pas dans le mercure vulgaire, car dans le mercure vulgaire il n'y a point de force séparative, qui est un spécifique mercurielle qui se trouve dans le seul mercure de lune procédez donc de la manière suivante.

Prenez une once de régule susdit, deux onces de marcassite d'argent blanche, faites fondre ces deux ensemble dans un creuset, tout se fondera d'abord, videz votre creuset dans une lingotière, pilez cette masse en poudre impalpable dans un mortier de fer, puis prenez douze onces d'argent vif, coagulez par l'huile de vitriol, et revivifiez avec limailles de fer, prenez en dis-je douze onces, que vous amalgamerez dans un mortier de verre mettez le dit amalgame dans une petite cornue de verre, qu'ensevelirez dans le sable, donnant feu entre le second, et troisième degré, l'espace de cinq jours et nuits.

Alors distillez à feu léger de suppression appliquant un récipient plus qu'à demi-plein d'eau, lavez bien le mercure et continuez à laver en le triturant dans un mortier de verre. Étant bien net et sec, il faut réitérer la même opération avec nouvelle matière jusqu'à trois fois, votre mercure sera parfaitement bien aiguisé.

Cela fait, prenez deux onces de très pure Lune, une once régule susdit, faites-les fondre dans un creuset, étant fondue versez dans une lingotière, puis pulvérisez en poudre impalpable dans un mortier de fer, puis prenez vos douze onces de mercure déjà trois fois distillé, que vous mettrez dans une fiole de verre, puis versez votre poudre dessus, fermez votre fiole, et la mettez pendant trois jours et nuits au bain-marie, et la poudre entrera dans le mercure. Remuez bien le tout, et quand la poudre sera bien entrée ôtez votre fiole et triturez bien l'amalgame dans un mortier de verre, le lavant et le triturant diligemment jusqu'à ce qu'il soit bien nettoyé, de toute noirceur.

Faites sécher votre amalgame, mettez-le dans une petite cornue, qu'il faut ensevelir dans le sable, et lui administrer un feu pendant trois jours et nuits entre le second et troisième degré de chaleur ayant adapté un récipient, avec de l'eau le troisième jour écoulé, il le faut distiller à feu de suppression, cela fait, il faut continuer à laver le mercure et le sécher, si la lotion à été parfaite vous trouverez votre lune au fond de la cornue parfaitement pure et blanche, mais si la lune a encore la moindre couleur de plomb, c'est une marque qu'il y a encore de l'antimoine mêlé. C'est pourquoi il faut quelle soit bien lavée, tant qu'elle ne donne plus la moindre noirceur, le récipient doit être rempli d'eau, avant d'y distiller le Mercure, alors vous trouverez un très bel argent vif, qui sera de trois sortes, mercure d'antimoine et mercure de mars et mercure vulgaire, après quoi vous ne devez pas ignorer que le mercure de mars ne change point les deux autres dans sa nature.

Or le mercure prédit distillé arrière de la lune pénètre tous les métaux, et sépare les éléments des métaux, c'est-à-dire, sépare le mercure et le soufre, l'un de l'autre, ce que ne fait pas le mercure vulgaire, à moins qu'il ne soit animé du mercure d'antimoine et converti en sa nature.

Il ne faut pas ignorer, que chaque métal a sa manipulation particulière, et la résolution de l'un ne se fait pas comme celle de l'autre, en une heure de temps on peut tirer le mercure de plomb, et à peine le peut on faire de vénus en deux mois.

CHAPITRE XXVI

Des Adultères de Mars et Vénus.

I L faut que je démontre ici ce qui arrive avec le mercure de vénus, et sa pratique, afin que vous trouviez l'or qui sort du mars, et qui est caché dans ce mercure de vénus, dont j'ai fait mention.

Cet or n'est rien qu'un esprit mercuriel qui est dans mars, comme l'âme est dans l'homme, mais comme cet or n'est plus corps, comme il était auparavant dans mars, mais qu'il est devenu esprit par l'esprit mercuriel d'antimoine, il ne peut plus être réduit en corps que par l'esprit de sel de vénus.

Cet esprit n'est point le mercure de vénus, ni son soufre non plus, mais un milieu entre les deux, quand ce milieu vient, les parties du composé tombent l'un arrière de l'autre, c'est-à-dire, le mercure et le soufre, le mercure de vénus demeure dans le mercure d'antimoine, on lave le soufre arrière du mercure, et ce soufre est une terre soufreuse grise comme la cendre.

Faites résoudre dans de l'eau commune deux livres, du meilleur vitriol de Hongrie, mettez le sur le feu dans un fort vaisseau, jetez une demi-poignée de fines lamines de fer, faites bouillir un quart heure, alors ajoutez y le mercure, que vous avez distillé deux ou trois fois arrière de la lune avec nouvelle matière, comme je vous ai enseigné plus haut. Le mercure que le mars aura résout du vitriol l'amalgamera avec ledit argent-vif, lavez bien cet amalgame afin que touts les lamines de fer s'en séparent. Séchez l'amalgame doucement, quand il sera bien net, ensuite mettez-le pendant huit jours dans une fiole au Bain-marie, il deviendra gris noir. Videz votre fiole, et lavez bien votre amalgame en le triturant dans un mortier de verre comme ci-devant, mettez à part la poudre qui tombe au fond de l'eau, réitérez cet ouvrage deux ou trois fois, et il le faut même faire davantage si vous voulez réduire toute la vénus en mercure, ce qui se fait fort lentement.

Quand votre amalgame a passé trois fois par le Bain-marie et par les lotions, distillez l'argent vif arrière de vénus ; comme vous avez fait ci-devant arrière de la lune. On appelle ce mercure, mercure de vénus, car ce n'est plus ni du mercure vulgaire ni du mercure d'antimoine, mais il est changé et fermenté en mercure de vénus par le mercure de vénus, ce mercure de vénus est un mercure admirable, comme on l'éprouvera dans les ouvrages chimiques. Dans ce mercure de mars est caché l'or de mars, il lui manque la froideur de lune par laquelle il sera *coagulé perpétua, et fixa coagulatione auri*, etc.

Au reste je vous averti, que d'autant plus vous réitérée les amalgamations : avec la lune, et les distillations, et digestion, le mercure en sera plus subtil.

Mais je veux vous donner une expérience, pour avoir le mercure du régule martial, pour mélanger à l'autre de bonne heure.

Prenez du régule ci-dessus mentionné une demi-livre, pulvérisez-le autant qu'il est possible, et calcinez-le dans une coupelle de pierre, comme l'on calcine ordinairement l'antimoine lorsqu'on en veut faire le verre, et malgré la fumée blanche qui s'en va de vos quatre ou huit onces, vous aurez au moins votre poids, et souvent même vous aurez une demionce au-delà du poids, et ce sera une cendre grise blanchâtre, si vous mettez cette poudre dans un creuset et que vous lui donniez un feu de fonte, tout s'en ira en fumée avec le temps, excepté une légère scorie noirâtre, ou verte mais très peu, l'autre parti du régule est montée en partie avec son sel.

Deuxièmement, tachez de prendre cela avec un vaisseau de terre convenable, et vous serez un degré plus proche du mercure, avec ce qui est monté, procédez comme la première fois, en rattrapant toujours ce qui monte et il vous restera encore une écume, enfin il n'y aura plus de peine à faire le mercure vivant, si vous le frottez dans un mortier de verre avec un peu de votre mercure animé et l'huile de tartre par défaillance.

Troisièmement, mais parce que cette calcination est un travail ennuyeux et malsain, je ne conseillerai à personne de s'en servir, je n'ai mis cette expérience, que pour montrer et faire voir la terre morte, aussi bien que dans l'antimoine diaphorétique, car le sel qui y adhère fortement le rend encore fusible et la partie pure mercurielle s'en dégage, et l'on peut aisément le voir puisqu'une seule de ces fleurs, fait plus d'effet que dix grains de régule, quelque subtilement qu'il soit prépare pour la médecine.

Quatrièmement, or on y a fait aucune addition de rien, et pourtant le mercure s'est délivré en partie de sa terrestréité et de son sel acide dans le régule, mais si je mêle ce régule calciné avec de la graisse, et que je le mets en fonte, les 4 onces de régule ne me rendront que 2½ onces de verre ou d'écume, qui ne ressemble pas au verre d'antimoine, et qui n'est pas même si pesant, ou donc sont allés l'autre once et demie, il faut certainement que vous m'avouiez, qu'elles sont envolées comme un mercure, et de cette manière on peut fort bien volatiliser le régule et le tirer hors de son essence.

Cinquièmement, je veux montrer en peu d'heures, que la plus grande partie de ce qui s'envole est un mercure vif, surtout dans ce régule, si je lui ajoute quelque chose qui amortisse l'acide, comme chaux vive, ou chose pareille. Or autant qu'il y a d'acide mortifié, autant laisse-t-il partir de Mercure, et quoiqu'il en donne peu à la fois, la démonstration n'en est pas moins claire, ce qui les retient ensemble, c'est un acide avec un peu de froid.

Car si ces deux là ne se tiennent pas compagnie, il serait impossible de retenir la terre près du mercure. Car aussi longtemps qu'ils sont ensemble, l'acide avec le froid est encore dans la terre un alcali, par le moyen de la terre même, mais lorsque l'urineux est séparé, ce qui se fait aisément, alors il est pur acide.

Sixièmement, les philosophes Théorétiques font une chose si difficile, et font la Nature si artificieuse, qu'ils ne savent eux-mêmes par où sortir quoique la nature soit toute simple et qu'elle agisse d'elle-même.

Septièmement, la Nature a un froid et un chaud, un air, un sperme et une matrice par lesquelles elle fait tout, et qui dans tous le corps est fine dans le dernier degré, ou bien elle paraît séparable.

Huitièmement, j'ai enseigné plus haut qu'il faut calciner le régule et l'oindre avec de la graisse, et le fondre promptement, et qu'il tombe en régule que l'on calcine de nouveau, jusqu'à ce que toute la terre soit tournée en scories, alors son mercure est sublimé en forme d'une poudre, et qui devient bientôt un mercure coulant. Si vous travaillez bien, vous en pouvez éprouver la vérité avec le régule cru, à savoir si vous le mettez avec un alcali et que vous le poussiez à ma manière par une retorte de verre, jusqu'à ce que le régule coule ensemble, de là on peut voir qu'il s'envole quelquefois en forme coulante, et quelque fois en forme d'une poudre.

CHAPITRE XXVII

Hors du Régule calciné.

Vous ne verrez jamais aucune apparence de mercure vivant, car la terre est liée dans l'alcali, ainsi l'acide ne se peut dégager du mercure, il a assez d'occupation de lui-même lorsque la terre du régule se dépêtre dans l'alcali, le régule retient la part convenable de l'acide, faites le donc de la manière que je viens de vous donner, j'ai séparé la terre grossière, séparez-en vous la terre subtile si vous êtes curieux d'en avoir le mercure.

Neuvièmement, par ce mercure revivifié avec le mercure animé, ou avec l'huile de tartre, produit des effets merveilleux, car à raison de son Mercure il s'empare et dévore tous les métaux dans la fonte, ce qu'il ne pourrait pas faire s'il ne contenait pas une grande abondance de terre, or tout homme qui travaillera dans les métaux trouvera qu'un mercure ne peut se dégager, à moins que l'on ne lui ajoute quelque chose, pour donner à dévorer au sel qui s'amortit par-là, et laisse partir le mercure, par exemple : Prenez du mercure précipité avec de l'eau forte ou avec l'huile de vitriol, si vous lui ajoutez du sel de tartre, ou limaille de fer, ou même quelque autre métal, auquel le sel se puisse attacher et se mortifier, le mercure se revivifiera.

Mes chers confrères je vais vous dire, ceci d'un amour tout fraternel faites et inventez tels procédés qu'il vous plaira, les corps n'opèrent point dans les corps, et il n'y a qu'un seul chemin véritable hors du quel on puisse tirer du profit et qui vient de la source des Philosophes.

L'on peut chercher ce secret par différentes voies, celui qui en à 5 peut recevoir dix, celui qui en à dix en peut obtenir cent, et ainsi de suite de vos six patients, il n'y a aucun qui soit si pauvre, qui ne puisse vous payer les peines que vous vous êtes donnés à le guérir. Mais il ne faut jamais mettre deux en un lit, aussi longtemps qu'ils seront malades, mais lorsque l'on a guérit leurs maladies, ils peuvent guérir les autres. Ne vous entêtez jamais de l'autorité d'un homme, n'abhorrez point la vérité de qui qu'elle vous vient, ne croyez pas les vanteries de celui-ci, et de celui-là, mais méditez et retenez ce qui est de meilleur, et vous pourrez parvenir à la connaissance de beaucoup de belles choses.

1° Répétition. Du mélange du mercure avec le régule martial d'antimoine qui s'appelle chaos, à raison de la confusion des choses diverses que le mercure pénètre et parcourt, or il faut savoir qu'il y a deux sortes d'eaux dans cette opération, la première est le mercure même qui paraît et que l'on voit, l'autre eau, ou l'autre mercure est dans le régule, qui ne se montre pas, jusqu'à ce que le régule soit en quelque manière ressuscité par l'air caché dans le mercure et ce sont ces dernières eaux, qui ne paraissent pas jusqu'à ce qu'il plaise à l'Artiste.

Il faut savoir de plus, que notre régule a des fèces arsenicales, dont on ne saurait le dégager, que par une eau de son genre, c'est-à-dire par le mercure qui saisit tout ce qui est de sa nature, et rejette les fèces arsenicales, du reste encore bien que le mercure ou cette eau métallique soit en quelque manière l'épouse du régule, on ne saurait pourtant jamais les accoupler, les fèces arsenicales leur empêchant l'ingrès ces pourquoi les deux colombes de Diane remédièrent à cet inconvénient et par leur moyen (c'est-à-dire par la double de marcassite d'argent) le régule s'unira aisément au mercure qui dans l'amalgame rejettera tout le soufre arsenical, qu'il faut laver de toute manière avec les eaux, jusqu'à ce que l'amalgame devienne bien blanc, et séparé par distillation par sept fois et vous aurez le mercure des Philosophes animé.

2° Les ignorants se figurent, que c'est une affaire agréable sans peine et sans travail, mais laissons les dans leurs idées, quel profit leur en reviendra-t-il? Nous savons qu'après la bénédiction divine le travail, l'industrie et l'assiduité ont la première place, et certainement jamais le travail aisé, qui n'est qu'un divertissement ne nous produira ce que nous cherchons avec tant d'ardeur, aussi Hermès assure qu'il ne faut épargner ni le corps ni l'esprit, sans quoi la prédiction du Sage ne se vérifierait pas lorsqu'il dit, que le désir du paresseux le tuera, il ne faut donc pas s'étonner, si la plus grande part de ceux qui se mêlent de l'Alchimie, se ruinent.

La raison en est qu'ils fuient le travail, ou n'en peuvent pas supporter les frais, pour nous qui connaissons le secret de l'Art, et en sommes venus à bout, nous avons trouvé qu'il n'est rien de plus ennuyeux que notre première préparation, c'est pourquoi Morien écrit au Roi que la plupart des Sages se sont plaint de l'ennui de ce travail, et il ne faut pas entendre ceci figurément, car je ne mets pas ici en considération les choses, comme elles paraissent ni dans le commencement de l'œuvre surnaturel, mais comme nous les avons véritablement trouvées, toute la peine et tout le travail gît à donner à la masse le degré de capacité requis. C'est pourquoi l'Auteur du secret hermétique appelle ce travail un travail d'Hercule, car dans nos principes il y a plusieurs superfluités hétérogènes, qu'on ne peut réduire à la pureté requise à notre œuvre, il faut donc les purger comme il faut, ce qui est impossible sans savoir la théorie de notre Secret, qui enseigne par quel moyen se tire le Diadème Royal du menstrue de notre putain, ce qui étant connu, il y faut encore un si grand travail, que plusieurs ont abandonné l'ouvrage de dépit.

Je ne veux pourtant pas nier qu'une femme n'en puisse venir à bout, pourvu qu'elle le croie un véritable travail et pas un jeu, mais le mercure étant une fois préparé, alors on peut dire que c'est un repos qui est plus agréable que quoique ce soit.

3° Notre mercure est le serpent qui a dévoré tous les compagnons de Cadmus, et il ne faut pas s'étonner, parce qu'il avait dévoré Cadmus lui-même qui était plus fort que tous, enfin Cadmus percera le serpent lorsqu'il l'aura coagulé par son soufre. Sachez donc que notre mercure domine sur tous les corps métalliques, et qu'il les résout dans leur matière très prochaine mercurielle en séparant leurs soufres, sachez aussi que le mercure d'une, deux, ou trois aigles à savoir distillation commande à Saturne, Jupiter, Vénus et à la Lune, il commande depuis trois jusqu'à sept, et au Soleil depuis sept jusqu'à dix, je vous avertis de plus, que ce mercure est plus voisin du premier être des métaux que tout mercure, ce qui fait qu'il pénètre et entre dans tous les corps métalliques et découvre toutes leurs profondeurs cachées.

4° Avant tout il faut savoir que dans notre mercure il y a non seulement un soufre actuel, mais encore un soufre actif, et cependant il retient toutes les proportions et la forme du mercure c'est pourquoi il est de nécessité que notre être y ait introduit cette forme, qui est un soufre métallique, et ce soufre est un feu qui putréfie l'or composé. Ce feu soufreux est la semence spirituelle qu'a reçu notre Vierge non corrompue, car la Virginité inviolée peut recevoir un amour spirituel, selon l'Auteur du secret hermétique et l'expérience et la raison de ce soufre. Il est hermaphrodite, parce que ce mercure enfermé en lui dans le même temps le principe passif et le principe actif par le même degré de digestion, étant joint à l'or, il le mollifie, le liquéfie et le dissout, par une chaleur tempérée selon l'exigence du composé, par le même feu il se coagule soi-même, et dans sa coagulation il donne l'or et tel soleil que le demande l'opération, cela vous paraîtra peut très incroyable, mais il est pourtant véritable, que le mercure homogène pur et net, imprégné d'un soufre interne par notre artifice, par une chaleur convenable appliquée extérieurement, se coagule soi-même en guise de fleurs de lait, comme si une terre subtile surnageait sur les eaux, mais étant joint au Soleil, non seulement, il ne se coagule point, mais il deviendra tous les jours plus mou, jusqu'à ce que le corps étant bien dissout, les esprits ayant commencé à se coaguler dans une couleur très noire, et une puanteur extrême.

De là il paraît clairement, que ce soufre spirituel métallique est véritablement le premier moteur, qui fait tourner l'essieu en rond, ce soufre est véritablement un or volatil, non assez digéré, mais assez pur, qui par la seule digestion se convertit en or, mais si vous le joignez avec l'or déjà parfait, il ne se coagule plus, mais il dissout l'or, et l'ayant dissout, il reste avec lui dans une même forme, encore avant une parfaite union faut-il que la mort précède, afin qu'ils soient unis après la mort, non pas dans une perfection simplement parfaite, mais mille fois plus que parfaite.

Cinquièmement, tous les Sages du temps passé, ont premièrement cherché de faire le parfait de l'imparfait, c'est-à-dire, comme ils pourraient faire l'or ou la lune du mercure. Ensuite ils ont cherché de faire du parfait le plus que parfait, par divers procédés, comme par les eaux corrosives et les sels, mais inutilement à cause que l'imperfection du mercure, vient du défaut d'un bon soufre ou de son intérieur, mais les sels, les eaux n'agissent qu'extérieurement ou superficiellement, donc ils n'ont pu corriger ce défaut, quelques-uns ont trouvé le premier être des sels, qui végète tout, qui se trouve partout, s'entend le sel nitre, qui peut coaguler le mercure, mais seulement extérieurement, et après la coagulation du mercure, on le nomme mercure coagulé, mais non pas fixe, parce que la fixation strictement parlant procède d'un agent intérieur.

Ensuite ils se sont appliqués à purger le mercure, mais cela ne suffit pas, parce qu'il y faut introduire une chaleur ou un Agent qui agisse sur les parties intérieures.

Cette vie ou soufre agent consiste dans un soufre métallique spirituel, ils la cherchèrent dans vénus et dans saturne, mais en vain, parce que leur mercure est coagulé par un soufre arsenical, ce soufre se trouve donc dans la maison du Bélier, ou habite mars, que l'aimant attire, cette matière est scellée du sceau Royal de l'étoile, cependant il n'a aucun ingrès dans le mercure que par la marcassite, par-là le mercure est animé, qui passent en minière donnera dans sa coagulation l'or et la lune. Si vous semez l'or dans ce champ, après le premier et second tour de la roue, il donnera la teinture par la longue voie.

Sixièmement, du Magistère parfait. Je rends grâces à Dieu de m'avoir montré ce grand Secret, qu'il a caché à tant d'autres, sachez donc que le plus grand secret de notre opération c'est la cohobation des Natures l'une sur l'autre, jusqu'à ce que la vertu la plus digérée soit tirée hors du corps digéré par le cru.

NB. À cela il est premièrement requis d'avoir à la main les choses qui entrent dans l'œuvre, et les préparer exactement, et les amener un point de capacité requise. Secondement, d'avoir la bonne disposition des choses externes, troisièmement, les ayant préparées comme il faut, par un bon régime, il faut quatrièmement, avant tout connaître les couleurs, qui paraissent dans l'œuvre, afin de ne pas procéder à l'aveugle, il faut cinquièmement la patience, pour ne point hâter l'œuvre ou la régir avec précipitation, de tout ceci j'en parlerai par ordre comme frère à frère.

Septièmement, j'ai parlé de la nécessité du mercure, je vous en ai découvert plusieurs secrets. Les Livres chimiques sont farcis d'énigmes obscures, d'opérations sophistiques et d'un amas de termes incompréhensibles, pour moi j'en agis d'une autre manière, me résignant à la volonté de Dieu, qui paraît vouloir révéler ces Trésors au monde dans ces derniers temps.

Je ne crains donc pas que l'Art tombe, car véritablement la Sagesse se maintient d'elle-même en honneur, je dis donc que j'ai ci-devant enseigné la nécessité du mercure dans l'œuvre, de même manière, j'avertis que le soufre est l'autre partie nécessaire au dit œuvre, sans lequel soufre, le mercure ne recevra jamais dans l'œuvre surnaturelle une congélation profitable, ce soufre fait dans l'œuvre l'office du mâle, et sans lui, quiconque entreprend l'art transmutatoire, travaille en vain, puisque tous les philosophes assurent, que sans leur laton il ne se peut faire aucune teinture, et ce laton sans feinte ni ambiguïté est l'or.

Par l'or j'entends l'or des philosophes dans lequel la teinture de l'or est cachée, quoiqu'il soit un corps très digeste, redevient pourtant cru dans notre mercure seul, duquel il reçoit la multiplication de sa semence non pas tant en poids qu'en vertus ; et quoique plusieurs philosophes semblent n'en pas convenir, j'ai pourtant dit la vérité. Remarquez qu'ils disent tous, que l'or vulgaire est mort, et que leur or est vivant, j'en conviens : Aussi par la même raison, un grain de froment est mort, cela veut dire que l'activité qui devrait produire le germe est comme supprimé, et il demeurerait toujours au même état, tandis qu'il serait environné d'un air sec.

Mais jetez-le en terre d'abord il prend une vie fermentable, il s'enfle, il devient mort, et produit le germe, de la même manière arrive t'il dans notre or, il est mort, c'est-à-dire que sa vie vivifiante est scellée sous une écorce corporelle, tout comme le grain, mais différemment par rapport à la grande disproportion qu'il y a entre un grain végétable et l'or métallique, mais comme un grain demeurerai toujours sans changement dans l'air sec, de même notre or, quoique le feu le détruise, et que notre eau seule le résolve, alors notre grain est vivant, tout de même que le froment semé, dans un champ, change de nom et s'appelle semence du Laboureur, ce qu'il n'aurait pas fait s'il était resté au grenier, et serai demeuré froment indifférent à devenir semence ou pain.

Ainsi notre or tandis qu'il est en figure de vase, ou d'une pièce de monnaie, cet or vulgaire de la manière intérieure on l'appelle mort, parce qu'il demeurerait tel jusqu'à la fin du monde, mais de la manière postérieure il est vivant, parce qu'il est tel en puissance, qui en peu de jours peut être réduit en acte, alors or ne sera plus or, mais le chaos des sages, les Philosophes ont donc fort bien dit, que l'or des philosophes diffère de l'or vulgaire, et cette différence consiste, dans la composition, comme on dit, qu'un homme est mort, quand il a reçu la sentence de mort, ainsi l'on dit que l'or est vivant, lorsqu'il est mêlé avec telle composition, et mis sous un tel feu, qu'en peu de temps il en recevra une vie germinative et qu'en peu de jours il donnera des preuves d'une vie commencée.

C'est pourquoi les mêmes Philosophes, qui disent que leur or est vivant, commande à l'investigateur de l'Art de revivifier la mort. Si vous comprenez bien cela et que vous ayez bien préparé votre agent, et que vous ayez bien mêlé votre or, en peu de temps il sera vivant, dans cette vivification votre menstrue vivant mourra, c'est pour cela que les Sages vous commandent de vivifier ce qui est mort, et de faire mûrir ce qui est vivant, et pourtant du premier abord, ils appellent leur eau, vive, et disent que la mort d'un principe et la vie d'un autre, ont une même période, cela fait voir, qu'il faut prendre leur or qui est mort et une eau vive, et les bien mêler ensemble, par une courte décoction, l'or qui est mort est vivifié, et le mercure vivant est tué. C'est-à-dire, le corps étant dissout l'esprit se coagule, et ils pourrissent tous deux ensemble en forme de fange où de boue, jusqu'à ce que tous les membres du composé soient disjoints en atomes ou parties très menues, c'est dans cela donc que gît la nature de notre magistère, tout le mystère, est de bien préparer le mercure, amalgamez dans ce mercure l'or pur, purgé au suprême degré de perfection en fines feuilles, le mieux qu'il vous sera possible. L'or se dissout par la vertu de notre eau, et retourne dans sa matière la plus prochaine, dans laquelle la vie de l'or enfermée devient libre, et prend la vie du mercure dissolvant, qui est à l'égard du grain de froment. Donc dans ce mercure l'or se putréfie, il faut nécessairement que cela soit de nécessité un nouveau corps de la même Essence que le premier, et d'une plus noble substance laquelle prend les degrés de vertu proportionnellement à la différence, entre les qualités des quatre Éléments.

Voilà le fondement de notre Art, voilà toute notre Philosophie, je dis donc qu'il n'y a rien de secret dans notre Art, sinon le seul mercure, donc c'est de le savoir préparer comme il faut, et le savoir marier avec l'or en juste proportion, et puis lui donner le régime du feu selon l'exigence du mercure.

Car l'or pour soi-même ne craint pas le feu, il ne s'agit donc que d'accommoder le régime du feu que le mercure puisse souffrir, mais si vous n'avez pas bien préparé votre mercure, vous aurez beau le joindre à l'or, il restera or vulgaire comme auparavant.

NB : Souvenez-vous chers Lecteurs du mercure tiré du régule que j'ai donné plus haut, et de le joindre de bonne heure assez au mercure commun. À présent je veux vous enseigner à préparer l'or, pour l'œuvre prédite.

Faites dissoudre une once d'or, de Ducat, ou de départ dans l'eau Royale que j'ai donnée plus haut au chapitre de l'or. Versez par inclination fort doucement ce qui sera dissout, pour séparer une terre blanche qui demeure au fond du vase ou matras indissoluble.

Vous mettrez l'or dissout dans un matras capable à col court, avec cinq fois autant d'eau commune par-dessus, que vous ferez chauffer au bain de sable, jusqu'à ce quelle commence à bouillir, versez dessus deux onces de mercure commun, que vous aurez fait chauffer préalablement, et si deux heures après l'eau Royale en laquelle l'or est dissout n'est pas suffisante pour dissoudre tout le mercure, vous y verserez de l'eau forte commune en suffisante quantité.

Puis ajoutez-y encore deux onces de mercure commun, que vous ferez semblablement dissoudre, jusqu'à ce que vous voyez que tout votre or est en masse spongieux au fond du matras, et le mercure tout dissout en eau claire et transparente, laquelle il faut verser chaudement par inclination, et bien laver la chaux d'or par différente reprise avec eau tiède, jusqu'à ce qu'elle soit exempte de toute acrimonie, ce qui sera bien mieux purifié et avec moins de peine et de dépense, que de la passer par les céments ou antimoine.

J'ai autrefois passé l'or de départ trois fois par l'antimoine, lequel était extrêmement beau et resplendissant, après l'avoir fait dissoudre derechef dans l'eau Royale, j'en ai encore séparé quelque peu de terre blanche, pour montrer de combien cet examen surpasse ceux du céments, et de l'antimoine, et voila la philosophique préparation de l'or pour les opérations physiques.

Je sais que plusieurs critiquèrent cette doctrine et diront, cet homme nous assure que l'or vulgaire et le mercure coulant sont le sujet matériel de la Pierre, et cependant nous savons le contraire. Je dis que l'or seul et notre mercure sont nos matériaux.

CHAPITRE XXVIII

Des circonstances requises à l'œuvre.

J'AI dégage l'art chimique de toutes les erreurs vulgaires, des faux discours, des sophistes et de leurs rêveries, j'ai enseigné que l'œuvre se fait de l'or, et du mercure, j'ai déclaré sans ambiguïté que le mercure était l'argent-vif, j'ai ajouté des raisons si claires et évidentes, qu'à moins de vouloir s'aveugler, on devrait le comprendre.

Je proteste derechef que ce que j'écris ne vient que de ma propre expérience, je vous ai annoncé la préparation du mercure philosophique, et la préparation de l'or, je vous en ai dit plus que personne avant moi et j'aurais de la peine à en dire davantage, à moins que de vous tenir par les mains.

Il ne reste plus que d'en montrer l'usage et la pratique. Ainsi quand vous aurez préparé votre mercure animé et votre or, il reste trois choses à faire, la purgation accidentelle du mercure, le mélange ou mariage avec l'or, et enfin le régime du feu. J'ai donné la purification de l'or, il ne reste plus qu'à vous enseigner la purgation du mercure animé.

Prenez donc votre mercure que vous avez préparé par le nombre d'aigles convenable, et le distillez trois fois arrière du sel décrépité et des paillettes de fer, le triturant dans un mortier de verre, avec du vinaigre distillé, et un peu de sel armoniac, jusqu'à ce que le mercure disparaisse.

Alors séchez-le et le distillez par la retorte de verre bien lutée à feu augmenté par degrés, jusqu'à ce que tout le mercure soit distillé, réitérez cette opération trois fois. Après cela faites bouillir le mercure pendant une heure dans l'esprit de vinaigre de vin, dans une cucurbite ou verre à fond large et à col étroit, en le secouant et l'agitant souvent. Retirez votre vinaigre par décantation et versez-y souvent de l'eau tiède et claire de fontaine pour édulcorer toute l'aigreur. Séchez le mercure et vous serez surpris de son éclat.

Tout cela n'est que pour en écarter l'immondice externe qui n'adhère pas au centre et qui pourtant est fort opiniâtre sur la superficie, vous pourrez voir si elle est séparée comme il faut si vous amalgamez votre mercure avec l'or sur du papier fin bien net, et vous verrez s'il noircit le papier, alors vous y pourrez remédier par la distillation, l'ébullition, et l'agitation prédites cette préparation avance et accélère extrêmement l'œuvre.

CHAPITRE XXIX

Manière d'amalgamer le mercure avec le l'or
et du poids convenable de l'un et de l'autre.

PRENEZ une partie d'or préparé comme j'ai enseigné plus haut, trois partie de mercure, que vous mettrez dans un mortier de verre chauffé sur du sable (duquel le mortier retiré retienne, un temps sa chaleur), broyez bien votre amalgame avec un pilon d'ivoire, ou de verre fortement et diligemment, comme les peintres font leurs couleurs. Alors regardez en la température, s'il est maniable comme du beurre, qui c'est ni chaud ni froid, de manière pourtant, que l'amalgame étant penché ne laisse pas écouler le mercure en guise d'une eau hydropique d'entre cuir et chair, alors la consistance sera bonne, sinon ajoutez-y du mercure autant, qu'il est besoin pour faire cette consistance, et qu'on puisse former des petites boules rondes, comme avec le beurre.

Observez bien l'exemple que j'apporte comme le plus exacte qu'on puisse donner, parce que le beurre étant penché ne laisse couler aucune humidité plus liquide que sa propre masse, souvenez-vous toujours qu'il puisse être formé en boules rondes, que ces boules séparées doivent demeurer en tel état, que le mercure ne paraisse pas plus vif en bas qu'en haut.

Cela étant fait, prenez de l'esprit de vinaigre de vin, dans lequel vous dissoudrez une troisième partie de sel armoniac purifié, mettez votre amalgame de l'or et du mercure dans cette liqueur en un verre à long col, et faites-le bouillir fortement pendant une demi-heure. Retirez votre mixture du verre, séparez-en la liqueur, échauffez votre mortier comme dessus et broyez votre amalgame fortement pendant un longtemps, et puis lavez-le avec de l'eau tiède, de toute noirceur.

Il faut réitérer les mêmes opérations autant de fois qu'on n'aperçoive plus aucune noirceur, alors votre amalgame sera d'une blancheur étonnante. Si ce travail est pénible, vous en trouverez récompense par les signes que vous verrez paraître dans l'œuvre.

CHAPITRE XXX

Du vase et de sa clôture.

AYEZ un verre ovale et rond qui ait la figure d'un œuf, et dont l'amalgame n'occupe que la troisième partie, que ce verre ait le col de la hauteur d'une paume, qu'il soit bien clairet épais, pourvu que vous puissiez distinguer les actions du mercure dans sa concavité, enfermez dans cet œuf philosophique votre amalgame, scellés diligemment votre vase par en haut avec un bouchon de verre qui cadre avec telle précaution.

Qu'il n'y ait ni fente ni ouverture aucune, sans quoi l'œuvre est perdue, mettez votre vase sur l'athanor ou sur un tel fourneau que vous puissiez administrer un feu très doux l'espace de 40 jours et nuits, et pour éviter que le verre ne se brise et qu'il subsiste au feu, faites chauffer le verre avant que d'y mettre l'amalgame, et par ce moyen vous éviterez ces fâcheux accidents.

Notez aussi qu'il faut que le verre soit enfoncé un pouce et demi dans les cendres, si vous avez employé une once d'or, vous voyez par là que l'œuvre dans ses principes matériels, n'excède pas le prix de cinq pistoles et même les frais de la fabrique du mercure ne passe pas trois couronnes.

J'avoue qu'il faut des outils et des charbons, mais tout cela n'est pas bien cher, il y a pourtant quantité de rêveurs qui se figurent, qu'il ne faut que la dépense d'un écu pour tous les frais de l'œuvre, auxquels je puis répondre, que c'est une preuve évidente, qu'ils n'ont jamais fait l'œuvre qu'en spéculation, car il y a bien des choses nécessaires que l'on n'a pas sans argent, car sans le corps parfait qui est notre laton, c'est-à-dire, l'or, il n'y a aucune teinture à attendre, il n'y a ici autre chose à observer qu'un bon régime de feu, à savoir que le feu soit doux et continuel, parce que la matière mise en digestion, serait aisément gâtée par un feu violent, et passerait en une figure de poudre rouge, ce serait faire la coagulation avant la solution, ce qu'il faut éviter, car on doit avant tout résoudre le corps de l'Or dans le mercure et l'or étant résout, le mercure se coagule ensuite.

CHAPITRE XXXI

Du progrès de l'Œuvre.

PENDANT les premiers quarante jours, vous verrez toute la matière convertie en ombre, c'est-à-dire en atomes, sans aucun moteur ni mouvement visible sinon une chaleur commencée, couvrez votre verre d'une cloche de verre bien épaisse, afin que la chaleur soit en haut comme en bas.

CHAPITRE XXXII

De la noirceur qui arrive.

F<small>AITES</small> attention si vous voyez votre matière enflée comme une pâte bouillante, ou plutôt comme une poix liquide, car notre soleil et notre mercure ont une première forme, ou figure emblématique et symbolique dans l'œuvre.

Vous verrez diverses couleurs, mais sur la fin de la 4e semaine ou environ, si la chaleur a été continuelle, vous verrez une verdure charmante, qui durera pendant dix jours sans disparaître, réjouissez-vous alors car certainement tout deviendra noir, comme charbons en très peu de temps, et toutes les parties de votre composé seront réduites en atomes ou en parties très menues, car cette opération n'est rien d'autre que la résolution du fixe, dans le non fixe, afin qu'étant joints tous deux, ils ne fassent plus qu'une matière spirituelle, et partie corporelle.

O Sainte Nature qui faites seules ce qui est entièrement impossible à tout homme, quand donc vous aurez vu dans votre verre, que les Natures se sont mêlées en guise d'un sang caillé et brûlé, assurez-vous que la femelle à souffert l'accouplement au mâle, de sorte que depuis la première dessiccation, en vint jours attendez que les Natures soient converties en un confus mélange gras.

Ces Natures s'entortilleront l'une à l'autre en forme d'une nuée épaisse, ou de l'écume de Mer, dont la couleur sera fort obscure, comme j'ai dit plus haut, alors tenez pour certain que l'enfant Royal est né, par delà vous verrez au coté du vaisseau des vapeurs vertes, jaunes, noires et bleues, ces vapeurs, sont les vents qui sont fort fréquents, quand notre embryon se forme, il faut les retenir avec bien de la précaution, crainte qu'ils ne sortent et que l'œuvre ne soit détruite.

Prenez aussi garde à l'odeur de peur qu'elle ne s'exhale par quelque fente, parce que la force de la pierre en recevrait un notable dommage. C'est pour cela que les Philosophes ordonnent de prendre bien soin du vaisseau et de sa ligature, et soyez averti une sois pour toute, qu'il se faut garder de remuer le moins du monde le vaisseau, ou l'ouvrir ou d'interrompre en aucun temps l'œuvre ou décoction, mais poursuivez votre cuite, jusqu'à ce que vous voyez que l'humidité vienne à faillir, ce qui se fera en trente jours ou environ, alors réjouissez-vous, car vous aurez trouvé le bon chemin.

Veillez sur votre œuvre parce que peut être avant 15 jours, vous verrez toute la terre sèche et fort noire alors la mort du composé est arrivée, les vents cessent, et tout se repose.

C'est la grande Éclipse du Soleil et de la Lune tout ensemble pendant laquelle il n'y a aucun luminaire, qui éclaire la terre, et la lumière disparaît, alors notre Chaos est fait, hors duquel avec l'aide de Dieu, tous les miracles du monde sortiront selon leur ordre.

Une grande faute, et qui se fait aisément, c'est la combustion des fleurs, avant que l'on ait tiré les Natures encore tendres de leurs profondeurs, il faut principalement tacher d'éviter. C'est après la troisième semaine, car dans le commencement il y a telle abondance d'humidité, que si vous gouvernez l'œuvre par un feu plus fort qu'il ne faut et qu'il ne doit être, votre vaisseau ne supportera pas l'excès des vents sans être mis en pièces, à moins que votre vaisseau ne fut trop grand, et même alors l'humidité ne se dispersera plus dans son corps, du moins pas autant qu'il en faut pour rétablir ses forces. Mais lorsque la terre aura commencée à retenir une partie de son eau, alors les vapeurs venant à manquer, on peut augmenter la chaleur autant qu'on voudra sans craindre aucun accident, pour le vaisseau, mais par là même l'œuvre sera gâté, et deviendra d'une couleur de pavot sauvage, inutilement, devenu, rouge par ce signe vous jugerez bien que le feu a été plus fort qu'il ne devait être. Sachez que notre œuvre requiert un véritable changement des Natures, ce qui ne se peut faire à moins qu'il ne se fasse la dernière union des deux Natures.

Or on ne saurait unir les corps mais seulement les confondre, et même il ne peut avoir union d'un corps avec un esprit par ses plus petites parties, mais on peut fort bien unir les esprits. Ainsi il faut une eau métallique homogène à laquelle on ouvre le chemin, par une précédente calcination, ce dessèchement, donc, n'est pas un véritable dessèchement, mais une réduction de l'eau avec la terre par le crible de la nature en atomes plus subtils, que ne porte l'exigence de l'eau, ce qui empêche que la terre ne reçoive le ferment transmutatif de l'eau.

Mais par un feu trop véhément cette Nature spirituelle comme frappée du coup de la mort, d'active devient passive, de spirituelle corporelle, c'est-à-dire un précipité rouge, inutile parce qu'avec la chaleur qui lui convient, la couleur devient comme celle d'un corbeau quoique noire, est pourtant la couleur la plus à souhaiter, cependant au commencement de l'œuvre la couleur est assez forte et belle, et elle concourt avec la quantité convenable de l'humidité, et montre que le Ciel, s'est accouplé avec la Terre, et qu'il a conçu le feu de la Nature ainsi toute la concavité du verre sera teinte d'une couleur d'or.

Mais cette couleur ne durera pas, elle sera d'abord suivie d'une couleur verte, et en peu de temps celle-ci sera suivie de la noire, si vous avez de la patience, vous venez à votre souhait accompli, du moins continuez lentement votre feu et comme un sage pilote dirigez votre navire, si vous voulez gagner toutes les Richesses des deux Indes, de temps en temps vous verrez dans les eaux et aux cotés comme de petites îles, des épis, des petites ombres de différentes couleurs, qui d'abord se dissolvent, et il s'en élève d'autres, car la terre est si avide de productions quelle fait toujours quelque chose etc.

CHAPITRE XXXIII

De la multiplication de la Pierre.

Pour la Multiplication il ne s'agit d'aucun autre travail, sinon de prendre de la Pierre parfaite une partie, et la joindre avec trois parties de mercure du premier œuvre et le gouverner avec un feu convenable pendant huit jours dans un vaisseau fermé.

Vous y verrez passer tous les régimes, avec le plus grand plaisir du monde, et sera augmentée en vertu à l'égard de ce qu'elle avait avant la multiplication, si vous réitérez l'opération, vous parcourrez tous les régimes en quatre jours de temps, et la Médecine sera tellement exaltée en force de teindre, qu'elle en aura mille fois plus que devant, si vous voulez le répéter, tout se fera en un jour, naturel, à la quatrième fois, il se fera en une heure, et à la fin, vous ne sauriez jamais trouver, jusqu'où s'exerce la force de cette pierre, elle sera si grande qu'elle surpasse la capacité de l'esprit, si vous poursuivez et persévérez dans l'œuvre.

CHAPITRE XXXIV

Manière de faire la Projection.

P RENEZ quatre parties d'or, bien purifié, faites-les
fondre, dans un creuset neuf, et y ajoutez une partie
de votre pierre, et étant bien mêlés, jetez-les dans un
cône et vous aurez une masse pulvérisable, prenez
une partie de cette mixture et dix parties de mercure commun
bien purgé, chauffez le mercure jusqu'à ce qu'il commence à
faire du bruit, alors jetez-y votre mixture, qui pénètrera le
mercure en un clin d'oeil, fondez-le en augmentant le feu, et
toute la masse sera une Médecine de l'ordre inférieure.

Prenez une partie, de celle-ci et projetez la sur quelque
métal que ce soit, bien purgé et fondu, autant que votre
pierre en pourra teindre, et vous aurez un or si pur, que la
Nature n'en donne point de plus pur. Il vaut pourtant mieux
de projeter par degrés jusqu'à ce qu'il teint suffisamment, car
de cette manière la teinture s'étendra davantage, parce que
quand on projette la Pierre tout d'un coup, il se fait une perte
notable de la Médecine, à moins que la projection ne se fasse

sur le mercure, par rapport aux scories qui adhèrent aux métaux imparfaits, c'est pour cela que tant plus sont purgés les
métaux tant mieux réussi la transmutation dans le feu.

CHAPITRE XXXV

Usage de cet Art.

CELUI qui à le bonheur d'avoir réussi dans cet Art, et par la grâce de Dieu l'a portée à sa perfection, je ne sais ce qu'il peut souhaiter dans ce monde sinon de servir Dieu fidèlement à couvert de fourberies et de mauvaises fraudes, mais c'est une vanité de vouloir s'acquérir l'estime et l'amitié des hommes par un vain luxe, aussi c'est ce que cherchent le moins ceux qui sont possesseurs du secret, bien loin delà ils les méprisent.

Voici donc le champ du plaisir ouvert à celui, à qui Dieu a donné un tel talent. Premièrement, s'il vivait mille ans, et qui fut obligé de nourrir un million d'hommes chaque jour, il n'aurait pourtant jamais besoin de rien, parce qu'il peut multiplier sa pierre, quand il veut, tant en vertus qu'en poids, jusque là qu'il pourrait s'il voulait changer tous les métaux imparfaits, qui sont dans le monde en véritable or et argent, secondement il peut faire des Pierres précieuses si belles, que la Nature n'en produit point de pareilles sans le secours de cet

Art. Troisièmement, il a la Médecine universelle pour toutes sortes de Maladies, tellement qu'un seul Adepte pourrait guérir tous les malades, qui peuvent être guéries de l'univers. Priez donc le tout-puissant qu'il vous fasse la grâce de vous accorder un tel Don. J'avertis enfin que quiconque possède ce grand talent, qu'il ne s'en serve que pour l'honneur et la gloire de Dieu, et pour l'utilité du prochain, afin qu'il ne soit, pas trouvé ingrat envers sa Majesté divine, qui lui a fait une si grande grâce, et qu'étant trouvé coupable à la fin de ses jours, il ne fasse une perte éternelle de son âme, qui est ce qu'on à de plus précieux au monde etc.

CHAPITRE XXXVI

Du Fer et de la manière de le traiter.

L'ON met aussi le fer au rang des métaux imparfaits, il consiste en un sel constant au feu, beaucoup de soufre terrestre, et fort peu de mercure fixe, il s'associe volontiers avec tous les métaux et il les rend pourtant brisants et non malléables, excepté l'or et l'argent, c'est pourquoi l'on tient aussi son soufre comme étant solaire et je ne crois pas que personne, qui se mêle tant soit peu de la Chimie, n'ait essayé avant tout de changer ce métal en mercure et ensuite avec cet vénus ex-marte, teindre ou graduer la lune fixe.

Mais comme il se pratique bien des sottises dans cette transmutation de mars en vénus, je veux laisser chacun dans ses sentiments, mais je ne peut comprendre comme on s'attache avec tant d'ardeur à changer le fer en cuivre avant d'en chercher le profit au lieu de spiritualiser et purifier son soufre et tacher de lui donner l'ingrès.

Car le cuivre est en lui-même un corps grossier et cru, qui étant fondu avec la lune, ne lui donne aucun changement, mais tout cela étant étranger au but je me suis proposé, nous passerons tout cela sous silence, nous contentant d'enseigner quelque chose qui puisse être utile et qui ait un rapport à la matière dont voici ma préparation.

J'ai pris six jusqu'à huit livres d'eaux fortes, et bien que l'eau forte toute nue dissolve le mars, j'ajoutai pourtant dans chaque livre deux onces de beau sel armoniac. Lorsque ma dissolution fut faite, je versai ce qui était clair arrière des fèces, qui provenait du sel armoniac, je la mis dans une large cucurbite que je plaçai dans le sable chaud, je commençai par y jeter peu à peu de mars à la fois, jusqu'à ce que j'y eu dissous une livre de mars entier, car si l'on en portait beaucoup à la fois, il se ferait une ébullition si forte que l'eau déborderait le vase, et il se ferait une perte des meilleurs esprits.

Il faut remuera de temps en temps le fer qui s'attache au fond, avec une spatule de bois. Il faut au moins 24 heures pour dissoudre une livre de mars. Je mets mon eau forte dans 4 cucurbites différentes, et dans chacune un quarteron de mars, pour achever plus promptement. Je n'emploie pas la limaille de fer, parce qu'elle s'attache trop au fond du vase, d'ailleurs on frotte ordinairement la lime avec de l'huile en limant, ce qui rend la limaille plus difficile à dissoudre. Je me sers de platines à blanchir, que je n'ai pas besoin de les faire mettre en lamines subtiles, et que le fer en est meilleur.

Tout étant dissous, je jetai ensemble toutes les solutions arrière des fèces, je les mis dans une retorte convenable, j'y versai une demi-livre de bonne huile de vitriol, et ensuite une livre et demie de mercure coulant. Après cela je mis ma retorte dans le sable et à feu doux, j'en retirai tout le corrosif. Il faut prendre garde dans ce travail de ne point donner trop de feu, de peur que l'ébullition ne fasse déborder la liqueur par le bec de la cornue.

Enfin l'on donne feu de sublimation jusqu'à ce que tout le mercure soit passé, l'on verra monter un beau mercure assez coloré, de même qu'aux autres métaux. L'on resublime encore une fois ce sublimé par la matière restante. Il y gagnera en couleur et en beauté. Si l'on réitère la troisième fois, le mercure sera si pénétré dans toutes ses parties de la matière solaire qu'étant revivifié il paraît un véritable or. L'on sépare ce soufre du mercure de la même manière que je l'ai enseigné dans les autres métaux. Procédez-y plus outre tant particulièrement qu'universellement, comme je vous ai montré plus haut, et bien qu'il y ait fort peu de chose à espérer du *crocus martis*, à raison de son soufre trop terrestre, l'on peut pourtant compter sur celui-ci, parce que le mercure ne tire et n'emporte rien hors du mars, que ce qui est pur et net, et qui est véritablement solaire, le reste étant intraitable autrement celui qui voudra prendre la tête morte, ou plutôt la matière restante du mars, qui la broierait subtilement, et qui sans addition d'aucun mercure, verserait l'eau Royale qui a déjà passé sur le résidu, et l'en retirerait encore une couple de fois de la même manière, réverbérant ensuite le mars jusqu'à ce que tout le corrosif en fut ôté, en pesant quatre onces, y mêler partie égale de mercure sublimé broyé subtilement, et deux onces de sel armoniac, mettez le tout dans une retorte de verre, placez la retorte dans un bain sec, afin que l'on puisse voir travailler les matières, donnez d'abord un feu très doux, jusqu'à ce que la retorte soit échauffée et puis subtilement donner un feu violent jusqu'à ce que tout ce qui est dans la retorte soit en fusion puis laisser refroidir.

Alors le mars sera bien dissout par mercure sublimé et le sel armoniac, on peut briser la retorte, broyez bien subtilement la matière, la mettez dans une petite cucurbite base, versez dessus du bon esprit de vin, deux pouces au-dessus des matières, fermez le verre, placez ce verre, dans le sable à une douce chaleur et l'esprit de vin en tirera l'âme en une seule fois l'on peut cependant pour plus grande sûreté verser une seconde fois du nouvel esprit de vin sur la matière, après que l'on aura mis à part le premier extrait.

Sachez que par cette méthode on peut ouvrir le soufre ou l'âme du soufre de l'or, de la lune, du cuivre, et de tous les métaux, et minéraux et l'extraire pour s'en servir à telles opérations que l'on trouvera convenir, au lieu que par toute autre voie, il vous faut un temps et un travail infini pour en vernir à bout, la raison parce que le mercure sublimé pendra le corps métallique subitement, et l'ouvre davantage que ne le ferait la réverbération quelle qu'elle puisse être.

On extraira un si beau soufre que l'on en sera surpris, cependant il faut avouer de bonne fois que c'est plutôt un soufre bien pur de l'huile de vitriol qu'un soufre de mars, car mars a dans soi un esprit caché qui étant d'une force extrême, attire à soi par son amour naturelle la partie sulfureuse de l'huile de vitriol, et se cuit avec elle, de telle sorte que leurs esprits s'embrassent et s'unissent si étroitement, que l'esprit volatil de vitriol devient un esprit corporel avec celui du mars, qui est très corporel aussi, c'est à quoi l'abstraction de l'eau forte sert beaucoup, parce que la plus grande partie de l'eau forte, c'est le salpêtre qui fixe dans la voie sèche et humide.

Je ne veux pas faire un long discours sur l'excellence de ce soufre parce que c'est la vénus céleste nouvellement née qui est mariée à mars et qui dans toutes ses parties est un or pur.

Il faut encore moins parler de cette œuvre aux indignes, à cause que nous n'avons pas, ou que du moins nous ne pouvons pas faire voir le sel spirituel des sages ou leur mercure, à moins que l'on ne présente à l'or fluide des sages, c'est-à-dire, à l'huile de vitriol un aimant igné tel que le mars, dans lequel il s'insinue. Lorsque cet aimant est plein de vie et de force et sans âcreté, il paraît ensuite devant l'Artiste dans une forme universelle sans qu'il ait cependant prit aucune autre forme particulière.

Je ferai encore moins mention de l'erreur de ceux, qui au lieu de l'acier des Philosophes prennent le fer, au lieu de lieu aimant entendent l'antimoine, mais je dirai seulement que je pris un jour deux onces de vénus, en lamines subtiles, et deux onces de mercure sublimé, et une once de sel armoniac que je mis *stratum super stratum*, et j'y procédai de la même manière que j'ai décris dans la masse de fer, et la matière devient toute verte comme un vert-de-gris. Je la broyai fort subtilement, je versai du bon vinaigre distillé dessus, qui en tira toute la verdeur, j'en ôtai le vinaigre coloré par inclination, et je le distillai jusqu'à consistance d'une huile épaisse, ensuite je fis dissoudre une once de lune fine dans de l'eau forte, et je versai dans cette solution mon huile verte, j'en retirai l'humidité jusqu'à siccité et le résidu je le mêlai avec un fondant fait de salpêtre, et de tartre cru poids égal, je mis ces matières dans un creuset et je répandis là-dessus une assez bonne quantité de verre de saturne, et je lui donnai le feu de haut en bas, je le laissai une bonne heure en fonte, je coupellai le régule, et je fis l'inquart, et après avoir exactement pesé le tout je trouvai une possibilité qui me charmât.

Je ne veux pas dire ce que c'était, mais celui qui traitera et préparera le cuivre avec l'huile de vitriol comme le fer trouvera encore quelque chose de mieux.

O mon cher mars, quoique tu ais la tête opiniâtre et guerrière, j'aurais cependant bien de bonnes choses à dire de toi, surtout si l'on osait dire, comment par le moyen d'un mercure préparé par ton assistance, on peut extraire la propre âme de ce mercure, mais c'est assez pour cette fois.

Bien que l'on mette le fer au rang des Métaux imparfaits, il faut pourtant convenir qu'il est le moins imparfait de tous, et qu'il le faut placer immédiatement après les métaux parfait, c'est-à-dire après l'or et l'argent, outre qu'il à en lui la nature de la dernière fixation, ce qui fait que sa partie la plus pure soutient même l'antimoine comme on peut voir par le régule étoilé, etc.

CHAPITRE XXXVII

Expérience.

Lorsque je vous ai enseigné de mêler quatre onces de limailles de fer avec autant de mercure sublimé et deux onces de sel armoniac, de les faire fondre ensemble et de les extraire avec l'esprit de vin au lieu de prendre 4 onces de limailles d'acier fin ou de fer, prenez un bon crocus martis fait avec le vinaigre, 4 onces de mercure sublimé et deux onces de sel armoniac, mêlez ensemble, distillez-les par la retorte si souvent que le beurre qui d'abord est blanc, mais qui enfin passe rouge comme sang, et se fixe à la fin avec la tête morte.

Portez ensuite cette matière sur la lune en fonte, laissez-la en fusion pendant une heure entière, coupellez cette lune et mettez-la à l'inquart même si vous prenez le fer que vous avez dissout dans l'eau royale que vous avez rendu cornu par l'huile de vitriol, et dont vous avez sublimé l'âme par le mercure sublimé, si vous faites dissoudre derechef ce fer avec l'eau royale nouvelle, si vous le rendez cornu avec de nouvelle huile de vitriol, et le sublimez de nouveau avec autre mercure sublimé, et que dans chaque nouvelle solution, vous preniez la peine de ramasser les fèces qui seront au fond, de les édulcorer, sécher, rôtir avec le plomb, et puis les coupeller, car la matière solaire spirituelle de tous les métaux, bien qu'ils ne contiennent rien de corporel, lie ainsi le mercure et le fixe en or, et montre ainsi sa force et vertu transmutative, quoique l'un soit beaucoup mieux partagé que l'autre.

CHAPITRE XXXVIII

Le verre de Saturne se fait.

S I vous prenez 12 onces de minium mêlés avec 4 onces de fin sable, faisant fondre ces matières à feu violent dans un creuset, jusqu'à ce qu'elles ne bouillon-
nent plus et soient devenues un verre de couleur de
paille.

CHAPITRE XXXIX

Autre Expérience.

J e veux sur le mars, pour vous instruire davantage et vous laisser ma mémoire, vous révéler une manière très courte, et sans aucun embarras pour faire la pierre des Philosophes, dont je me suis servi, par la coagulation et dissolution.

Prenez du mars, du meilleur, possible, faites-le rougir et battre par un forgeron à l'ordinaire, ramassez-en les scories ou écailles bleuâtre que le coup de marteau en fait séparer, mettez-les en poudre fine, et les faites réverbérer 24 heures mettez les scories ainsi préparées dans une cucurbite.

Versez dessus de bon vinaigre distillé, dans lequel vous aurez fait dissoudre, une 4ᵉ partie de sel armoniac sublimé, et le posé au bain-marie que vous chaufferez par degré jusqu'à le faire bouillir ayant soin d'agiter la matière, avec un bâton jusqu'à ce que le vinaigre soit tout évaporé. Ensuite imbibez derechef la matière restante avec du même vinaigre que dessus ce que vous réitérerez jusqu'à ce que la matière soit réduite en poudre impalpable rouge comme un rubis, que vous laverez avec eau de fontaine pour en séparer, le sel armoniac.

Mettez cette chaux de mars dans une cucurbite de verre, versez dessus de bon vinaigre distillé placez la cucurbite au bain de cendres donnez le feu du 3ᵉ degré et vous verrez que le vinaigre se colorera rouge comme sang, décantez ce vinaigre proprement, versez sur le marc restant de nouveaux vinaigre, et opérez de la même manière, que dessus ce que vous réitérerez jusqu'à ce que le vinaigre ne ce colore plus.

Distillez ensemble tout ces vinaigres teint au bain-marie, par l'alambic jusqu'à siccité il vous restera une substance rouge et brillante que vous pillerez et dissoudrez de nouveau dans le vinaigre, qui en est sorti, à feu doux comme auparavant, vous filtrerez cette dissolution et la distillerez, et le mars restera au fond de la cucurbite reluisant et moins rouge. Réduisez-le en poudre fine, et le dissolvez dans de l'eau de pluie distillée filtrez et distillez à douce chaleur de bain, réitérez cette opération avec eau de pluie distillée jusqu'à ce que le sel de mars soit comme du miel blanc ce qui arrive à la 3ᵉ fois.

Prenez donc ce sel et le mettez avec la 3ᵉ partie d'or très pur calciné et dissout dans V., et réduit comme en sel, et les mettez bien ensemble dans une fiole de verre, à long col bien bouchée, et la mettez dans le fumier chaud qu'il faut renouveler tout les huit jours pendant six semaines, et le tout ce réduira en huile que vous mettrez au soleil, laquelle se coagulera en deux jours. Il la faut piller, et la mettre comme devant au fumier durant 30 jours, elle sera réduite en huile de couleur d'or que vous congèlerez au soleil ou sur un feu lent de cendre. Vous la pillerez, et la referez dissoudre au fumier pendant 20 jours, que vous coagulerez derechef, et pour la 4ᵉ fois vous le dissoudrez en 10 jours, et le coagulerez, et à la 5ᵉ fois en 8 jours, à la 6ᵉ fois en 6 jours, et à la 7ᵉ fois en 1 jours.

Alors il ne pourra plus se coaguler n'y au soleil, n'y à la chaleur du feu, c'est pourquoi pour le coaguler vous le mettrez, dan un vaisseau de verre bien scellé vous le placerez sur le fourneau au bain de sable et lui donnerez feu de charbon pendant 8 heures pour qu'il s'incèrent bien.

Sur la fin augmentez le feu pendant une heure laissez refroidir, délutez votre vaisseau mettez cette huile dans un lieu tempéré et elle se coagulera en peu de jour, et elle est dans cette état la pierre des Philosophes d'une manière Œurtatoire, quoiqu'elle n'ait pas les propriétés du grand élixir, elle en a pourtant qu'il ne sont point d'un ordre inférieur.

1° Prenez en telle quantité qu'il vous plaira de l'huile ci-dessus que vous mettrez dan un vaisseau de verre, versez dessus du mercure coulant purifié, que l'huile surnage d'un travers de doigt placez-le sur un feu tempéré qui ne fasse pas envoler le mercure, il sera au bout de 8, jours converti en or très pur.

2° Si on prend une once de cette huile et que l'on la jette sur 20 onces de lune très pure fondue dans un creuset elle est convertie en pur or.

3° Si on prend du sublimé de mercure 7 fois, avec le sel commun et l'huile de vitriol, et qu'il soit mêlé avec partie égale de cette huile, et que l'on les fasse cuire pendant 10 jours, le fixera en une Médecine pénétrante, et teingente dont une partie tombe sur 60 de lune, que si on réitère la coction en y ajoutant de nouveau mercure sublimé, à chaque fois elle sera multipliez de 10 en vertus.

4° Une partie de cette huile jetée sur 10 de mars fondu, le converti en or.

Pour le corps humain, 4 gouttes de cette huile donnée, le matin à jeun à un hydropique pendant 12 jours dans un bon électuaire il sera guérit.

5 grains de cette huile donnée à un pulmonique, ou un phtisique ou Cacochine pendant 20 jours dans un véhicule convenable à la maladie il sera guérit.

Un grain de cette huile donnée jusqu'à sept fois de trois en trois heures guérit de toutes fièvres désespérées.

Finalement cette huile est souveraine pour toutes maladies, que ce soit en observant la dose, et que ce soit avant d'y avoir joint le mercure sublimé.

TABLE DES MATIÈRES

www.ingramcontent.com/pod-product-compliance
Lightning Source LLC
Chambersburg PA
CBHW052035090426

42739CB00010B/1915